# Tu Primera Enciclopedia VOX

Textos:
Laure Cambournac

Ilustración:
Jacques Azam
Robert Barborini
Fred Bernard
Marc Boutavant
Émile Bravo
Pierre Caillou
Alice Charbin
Bruno Heitz
Éric Meurice
Colonel Moutarde
Muzo
Hélène Perdereau
Pronto
Jérôme Ruillier
Rémi Saillard
Franck Stéphan
Anne Wilsdorf

Personaje de la cubierta: Émile Bravo

### Edición original

Dirección de la publicación:
Dominique Korach
Dirección editorial: Françoise Vibert-Guigue
y Delphine Godard
Dirección artística: Frank Sérac

### Edición española

Dirección editorial: Núria Lucena
Coordinación editorial: Esther Gallart
Edición: Gemma Arbusà
Traducción: Anna Pena
Cubierta: Francesc Sala

Concepción gráfica: DOUBLE

©2000 Larousse / HER. ©2001, SPES EDITORIAL S. L., Aribau 197-199, 3ª, 08021 Barcelona. vox@vox.es / www.vox.es ISBN 84-8332-225-0. Impresión Tien Wah Press, Singapur. Reservados todos los derechos. El contenido de esta obra está protegido por la Ley, que establece penas de prisión y/o multas, además de las correspondientes indemnizaciones por daños y perjuicios, para quienes reprodujeren, plagiaren, distribuyeren o comunicaren públicamente, en todo o en parte, una obra literaria, artística o científica, o su transformación, interpretación o ejecución artística fijada en cualquier tipo de soporte o comunicada a través de cualquier medio, sin la preceptiva autorización.

# Tu Primera Enciclopedia VOX

**VOX**

# ÍNDICE

## EL CUERPO

| | |
|---|---|
| Nueve meses para nacer | 6-7 |
| Las partes del cuerpo | 8-9 |
| Los órganos del cuerpo | 10-11 |
| Los sentidos | 12-13 |
| Comer bien | 14-15 |
| Una buena salud | 16-17 |
| Crecer | 18-19 |

## LA CIUDAD

| | |
|---|---|
| La ciudad | 20-21 |
| La calle | 22-23 |
| La casa | 24-25 |
| Las casas del mundo | 26-27 |
| Cómo se construye una casa | 28-29 |
| Cómo funciona una casa | 30-31 |
| El supermercado | 32-33 |
| La oficina de correos | 34-35 |
| El hospital | 36-37 |
| El garaje | 38-39 |
| El parque de bomberos | 40-41 |
| La comisaría de policía | 42-43 |
| El estadio de fútbol | 44-45 |
| El gimnasio y el estadio | 46-47 |
| El club de equitación | 48-49 |
| El circo | 50-51 |
| El parque de atracciones | 52-53 |
| Los espectáculos | 54-55 |
| ¡Que suene la música! | 56-57 |
| Los artistas | 58-59 |

## LOS TRANSPORTES

| | |
|---|---|
| Los trenes | 60-61 |
| En el aeropuerto | 62-63 |
| Los barcos | 64-65 |
| Coches, bicis, motos... | 66-67 |
| Los túneles | 68-69 |

## LA NATURALEZA

| | |
|---|---|
| El campo | 70-71 |
| La granja | 72-73 |
| Los ríos, los arroyos, los lagos... | 74-75 |
| Las grutas | 76-77 |
| En la costa | 78-79 |
| Bajo el mar | 80-81 |
| El bosque | 82-83 |
| La montaña en verano | 84-85 |
| La montaña en invierno | 86-87 |

## EL TIEMPO

| | |
|---|---|
| Un día de 24 horas | 88-89 |
| Los doce meses del año | 90-91 |
| Las cuatro estaciones | 92-93 |
| ¿Qué tiempo hace? | 94-95 |
| Nubes y lluvia | 96-97 |
| Previsión de temporal | 98-99 |

## LOS **ANIMALES**

| | |
|---|---|
| Los dinosaurios | 100-101 |
| En busca de dinosaurios | 102-103 |
| Los mamíferos prehistóricos | 104-105 |
| Los animales domésticos | 106-107 |
| Los animales de la granja | 108-109 |
| Los animales de corral | 110-111 |
| Los animales del campo | 112-113 |
| Los insectos | 114-115 |
| La vida de los insectos | 116-117 |
| Los animales de la ciudad | 118-119 |
| Los animales del bosque | 120-121 |
| Los animales de los lagos y los ríos | 122-123 |
| Los animales de la sabana africana | 124-125 |
| Los animales de la sabana africana | 126-127 |
| Los animales de la selva tropical | 128-129 |
| Los animales de las zonas polares | 130-131 |
| Los mamíferos marinos | 132-133 |
| Los animales del mar | 134-135 |
| Los animales de la costa | 136-137 |
| Los increíbles animales de Australia | 138-139 |
| Animales en peligro | 140-141 |

## LAS **PLANTAS**

| | |
|---|---|
| La vida de los árboles | 142-143 |
| Los árboles | 144-145 |
| La vida de las plantas | 146-147 |
| Las plantas | 148-149 |
| La vida de las flores | 150-151 |
| Las hortalizas | 152-153 |
| Las frutas | 154-155 |
| Los cereales | 156-157 |

## LA **TIERRA**

| | |
|---|---|
| El mundo | 158-159 |
| Los continentes | 160-161 |
| Los volcanes | 162-163 |
| Climas cálidos, climas fríos | 164-165 |
| La vida en el desierto | 166-167 |
| La vida en una isla tropical | 168-169 |
| En la sabana del norte de África | 170-171 |
| La selva tropical | 172-173 |
| Las regiones polares | 174-175 |
| Proteger la Tierra | 176-177 |

## EL **UNIVERSO**

| | |
|---|---|
| Los planetas | 178-179 |
| El Sol y la Luna | 180-181 |
| Las estrellas | 182-183 |
| Observar el cielo | 184-185 |
| Las lanzaderas espaciales | 186-187 |
| El hombre en el espacio | 188-189 |

## LAS **PALABRAS DIFÍCILES**  190-191

# Nueve meses para nacer

**Antes de nacer, un bebé vive alrededor de nueve meses en el vientre de su mamá. Durante esos nueve meses pasan muchas cosas.**

**1** Para concebir un bebé, hacen falta un **papá** y una **mamá**.

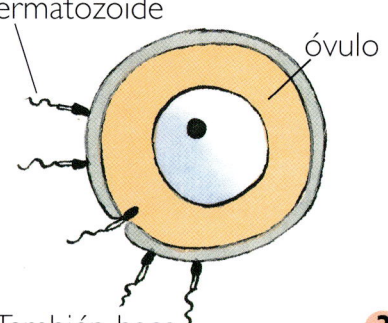

espermatozoide · óvulo

**2** También hace falta que uno de los **espermatozoides** del papá encuentre el **óvulo** de la mamá.

**3** Cuando se produce este encuentro, se forma un pequeño **huevo** en el vientre de la mamá.

**4** Durante el **primer mes**, el **huevo** se divide; una parte formará la cabeza del bebé, otra los brazos, etc.

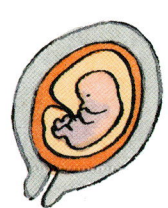

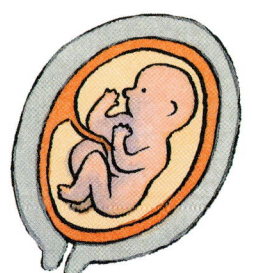

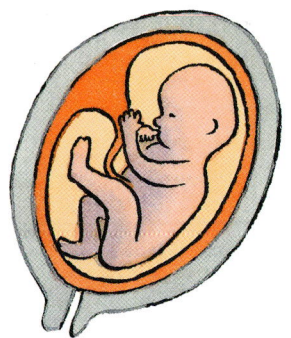

**5** A los **dos meses**, el bebé ya parece una persona. Es un embrión. Su pequeño corazón ha empezado a latir.

**6** Al **tercer mes**, ya están formadas todas las partes del cuerpo. Se puede saber si será un niño o una niña.

**7** Al **cuarto mes**, se le pueden contar los dedos. La mamá nota cómo se mueve el bebé.

6

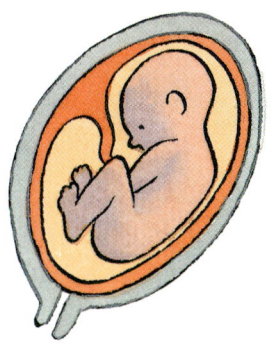 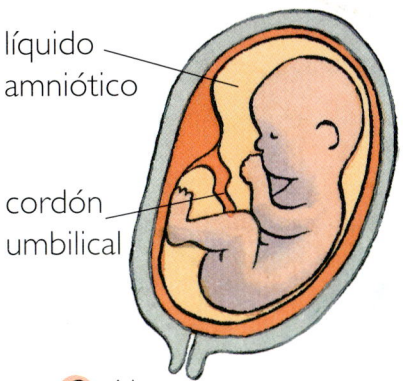

líquido amniótico

cordón umbilical

**8** Al **quinto mes**, el bebé no deja de moverse en el vientre de su madre. Le empieza a crecer el pelo y se chupa el dedo pulgar.

**9** Al **sexto mes**, pesa alrededor de un kilo. Descubre nuevos sabores al sorber el **líquido amniótico** que le rodea.

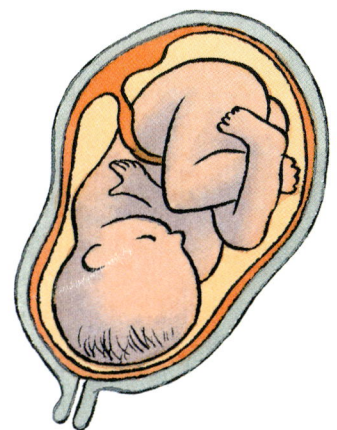 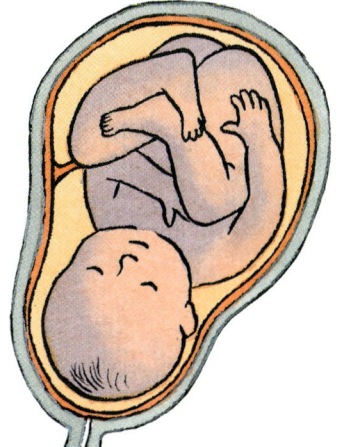

**10** Al **séptimo y octavo mes**, ha crecido tanto que casi no se puede mover.

**11** Al **noveno mes**, el bebé está a punto de nacer; su mamá va a dar a luz.

### Los gemelos

A veces ocurre que una mamá trae al mundo a dos bebés el mismo día: se trata de **gemelos**. Si han salido del mismo huevo, se parecen como dos gotas a agua. Se les llama **gemelos auténticos** ❶. Si han salido de dos huevos distintos, se les llama **falsos gemelos** ❷. En este caso no se parecen.

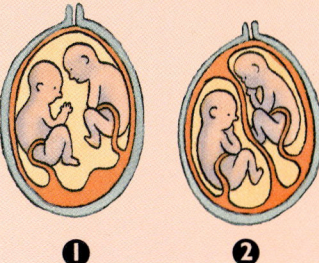

❶    ❷

### El ombligo

Cuando está en el vientre de su mamá, el bebé se alimenta a través de un pequeño tubo, el **cordón umbilical**, que sale del centro de su barriga y que le une a su mamá. Cuando el bebé nace, el médico corta el cordón, que ya no sirve para nada. Éste deja una pequeña cicatriz en el vientre que conservamos durante toda nuestra vida: es el ombligo.

# Las partes del cuerpo

**El cuerpo consta de tres partes: la cabeza, el tronco y las extremidades.**

## El cabello

El cabello está formado por **pelos** que crecen en la **cabeza** para protegerla del frío. El cabello crece toda la vida. Por eso hay que cortarlo de vez en cuando. Puede ser negro, blanco, castaño, rubio o pelirrojo, liso o rizado.

## La piel

La piel es una capa que recubre todo el cuerpo y lo protege. Es más o menos gruesa según la zona del cuerpo. La piel puede segregar un líquido, el **sudor**, un agua salada que sale de unos pequeños agujeros llamados **poros**. En la piel también crecen **pelos**.

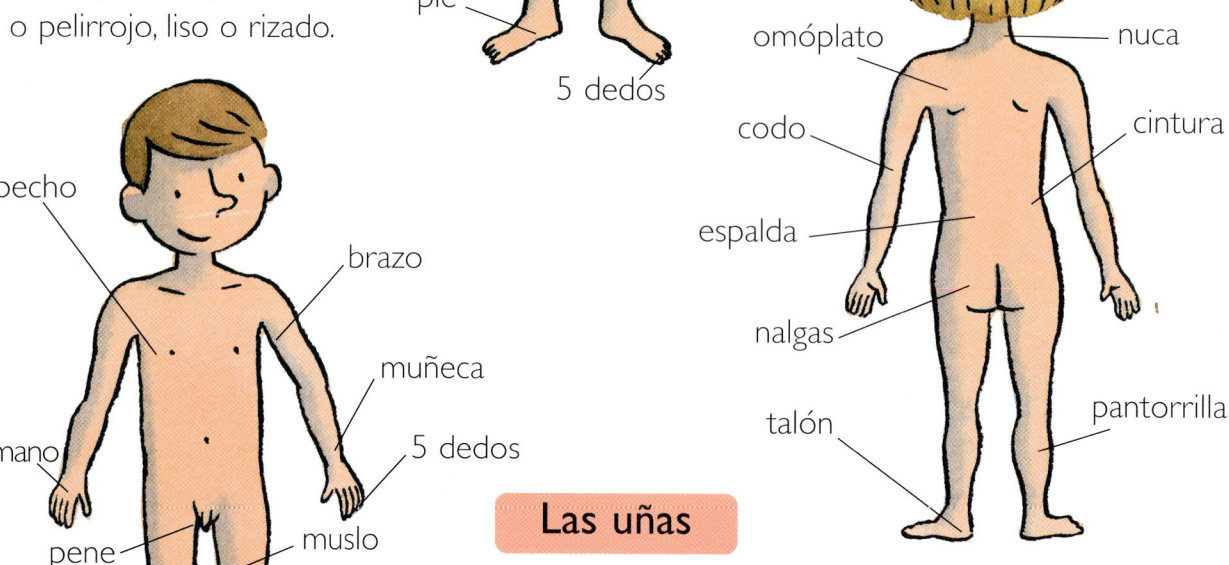

## Las uñas

Las uñas recubren la punta de los **dedos** de la mano y del pie. Están hechas de una sustancia dura parecida a la que forma los cuernos de los animales. Al igual que el cabello, las uñas crecen toda la vida.

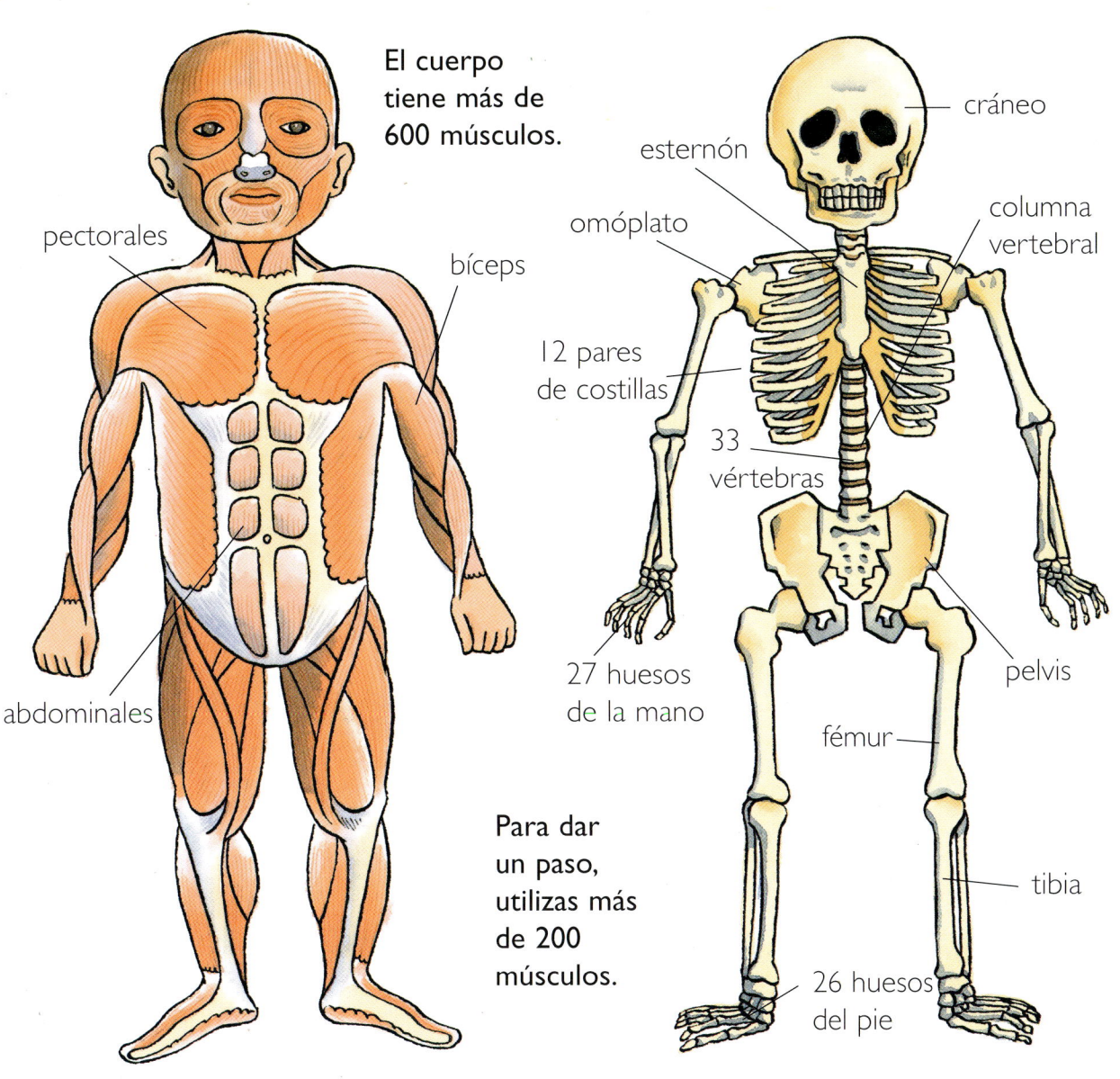

El cuerpo tiene más de 600 músculos.

pectorales
bíceps
abdominales

Para dar un paso, utilizas más de 200 músculos.

cráneo
esternón
omóplato
columna vertebral
12 pares de costillas
33 vértebras
27 huesos de la mano
pelvis
fémur
tibia
26 huesos del pie

## Los músculos

Cuando sonríes, cuando cierras los ojos, cuando caminas o levantas un brazo, los **músculos** trabajan. Están unidos a los huesos del esqueleto a través de una especie de gomas elásticas, los **tendones**.

## El esqueleto

En el interior del cuerpo se encuentra el **esqueleto**. Está formado por 206 huesos encajados los unos con los otros. Los huesos están unidos entre ellos por las **articulaciones**, las cuales nos permiten movernos.

# Los órganos del cuerpo

El cuerpo es una máquina compleja formada por huesos, músculos, nervios, sangre, órganos y, sobre todo, mucha agua.

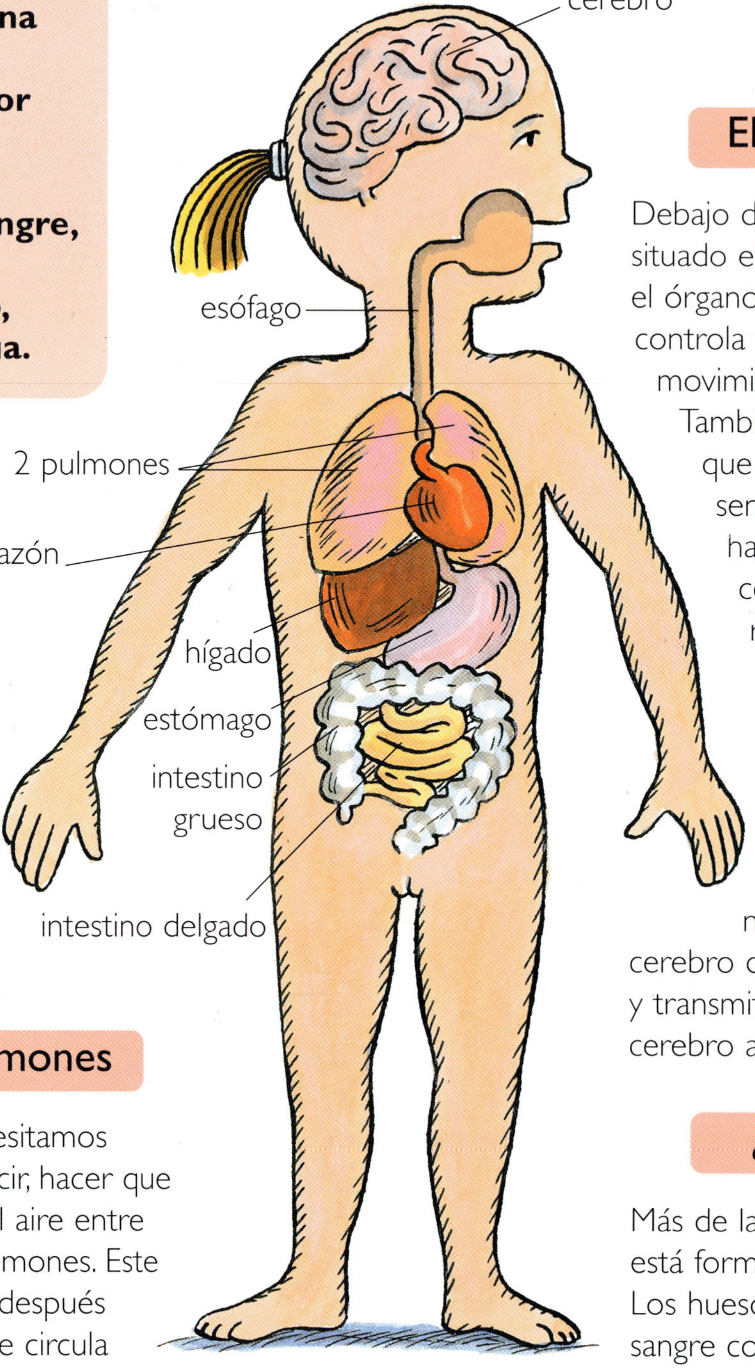

- cerebro
- esófago
- 2 pulmones
- corazón
- hígado
- estómago
- intestino grueso
- intestino delgado

## El cerebro

Debajo del **cráneo** está situado el **cerebro**, que es el órgano que ordena y controla todos los movimientos del cuerpo. También dirige todo lo que hacemos: permite sentir emociones, hablar y recordar. El cerebro está unido al resto del cuerpo por miles de **nervios** que parecen minúsculos cables eléctricos. Sin que nos demos cuenta, los nervios informan al cerebro de todo lo que pasa y transmiten las órdenes del cerebro al cuerpo.

## Los pulmones

Para vivir necesitamos respirar, es decir, hacer que el **oxígeno** del aire entre en los dos pulmones. Este oxígeno pasa después a la sangre que circula por todo el cuerpo.

## ¿Agua?

Más de la mitad del cuerpo está formada por **agua**. Los huesos, la piel y la sangre contienen agua, aunque no lo notemos.

## El corazón

Cuando nos ponemos la mano en el pecho, al lado izquierdo, notamos cómo late el **corazón**. El corazón es un **músculo** grande, del tamaño de un puño. Con cada latido, envía sangre a todo el cuerpo para proporcionarle el oxígeno que necesita para gozar de buena salud.

arteria

vena

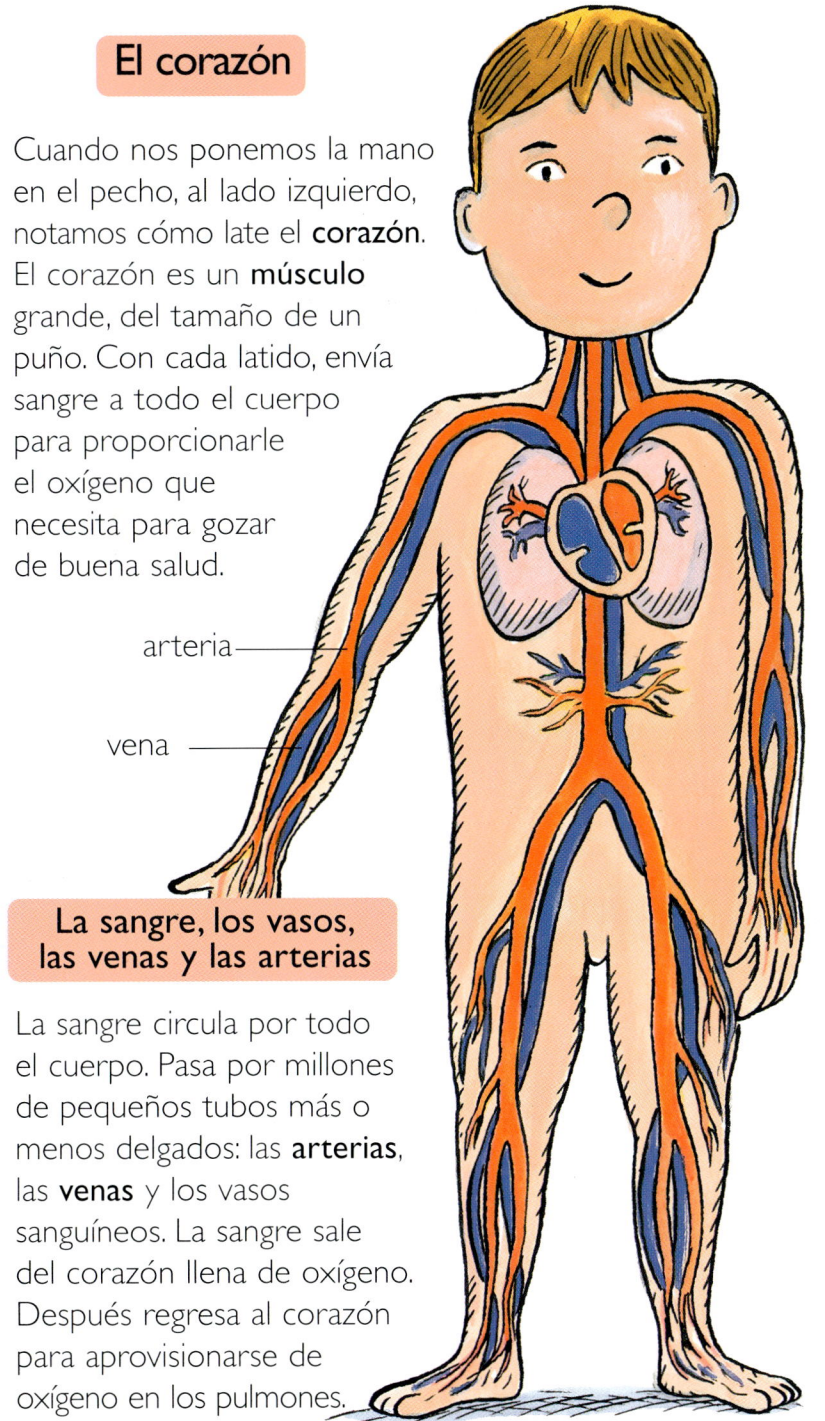

## La sangre, los vasos, las venas y las arterias

La sangre circula por todo el cuerpo. Pasa por millones de pequeños tubos más o menos delgados: las **arterias**, las **venas** y los vasos sanguíneos. La sangre sale del corazón llena de oxígeno. Después regresa al corazón para aprovisionarse de oxígeno en los pulmones.

## Comer y digerir

Cuando comes una manzana, la trituras con los **dientes**. Todo lo que te tragas baja por el **esófago** y después llega al **estómago**. Allí, lo que queda se convierte en papilla. Esta papilla parte hacia el **intestino delgado**, antes de ser seleccionada por el **hígado**. Todo aquello que proporciona energía pasa a la **sangre**. Todo lo que no es útil para tu salud va a parar al **intestino grueso**, y lo expulsas cuando vas al lavabo.

# Los sentidos

La vista, el oído, el olfato, el gusto y el tacto son los llamados cinco sentidos. Estos cinco sentidos permiten saber qué pasa a nuestro alrededor. Todos ellos están controlados por el cerebro.

## La vista

Los **ojos** nos permiten **ver**. Mírate en un espejo y descubrirás que en el centro del ojo tienes una pequeña redonda negra: la **pupila**. Por ese pequeño agujero es por donde la luz entra en el ojo e informa al cerebro de lo que estás viendo.

## El oído

**Oímos** gracias a las **orejas**, que captan los sonidos. Los sonidos llegan al interior de la oreja y golpean una pequeña membrana, el **tímpano**.

## El olfato

La **nariz** nos permite percibir los **olores**. Dentro de los **orificios** hay millones de pequeños receptores capaces de distinguir los olores.

12

## El gusto

salado — amargo — ácido — dulce

Las **papilas** que tenemos en la **lengua** nos permiten reconocer el sabor de los alimentos. Hay **cuatro sabores** principales: salado, dulce, ácido y amargo. Estos cuatro sabores corresponden a cuatro partes o regiones distintas de la lengua.

## El tacto

La superficie de la **piel**, especialmente la de la palma de las manos, permite saber de qué están hechos los objetos al tocarlos.

Gracias al **tacto**, sabemos si algo está frío, caliente, tibio, helado, o si es suave, áspero, liso, rugoso, punzante, duro o blando.

### ¿Por qué lloras?

Aun cuando no estés llorando, tus ojos fabrican **lágrimas**, un líquido muy útil para que éstos se mantengan húmedos y, por tanto, limpios. Cuando estás triste o cuando te haces daño, tus ojos producen muchas más lágrimas. Estas lágrimas «de más» se derraman fuera de los ojos y resbalan por tus mejillas.

### La nariz tapada

Cuando comes o bebes, gran parte de lo que tú crees que percibes gracias al sentido del gusto proviene, en realidad, del olfato. Por eso, cuando estás **resfriado** y tienes la **nariz tapada**, tienes la sensación de que las cosas no tienen ningún sabor.

# Comer bien

Para crecer y desarrollarse, el cuerpo necesita alimentos. Para gozar de buena salud, hay que comer de todo y no sólo lo que nos gusta.

### Las proteínas

La carne, el pescado, los huevos, la leche y el queso aportan **proteínas**, que son buenas para la piel y los músculos.

### Las grasas

La mantequilla, el aceite, algunos dulces e incluso el chocolate contienen **grasas**. No conviene ingerir muchas.

### Los azúcares

La miel, la mermelada y la fruta contienen **azúcares**. También están en el arroz, la pasta, el pan o las patatas. Todos estos **azúcares** o **hidratos de carbono** nos proporcionan la energía que el cuerpo necesita.

### Las vitaminas

La fruta, las hortalizas crudas, la leche, los huevos o el hígado contienen **vitaminas**. Éstas son muy útiles para el cuerpo.

### Los minerales

La leche tiene calcio, el chocolate, magnesio… Estos **minerales** son buenos para los huesos y la sangre.

## Las bebidas

Descubre de qué están hechas las bebidas que conoces.

La **limonada** se hace con agua, azúcar y limón.

El **té** se hace con hojas del árbol del té.

El **chocolate** se hace a partir de granos de cacao.

La vaca da **leche**.

El **agua** proviene de las fuentes de las montañas.

El **vino** se hace a partir de la uva.

El **café** se hace con granos del cafeto.

La **sidra** se hace con manzanas.

15

# Una buena salud

**Para crecer y mantenerte sano, necesitas descansar y dormir mucho.**

Cuanto más pequeño es uno, más necesidad tiene de **dormir**. Durante el **sueño**, el cuerpo descansa y fabrica una sustancia que sirve para crecer. Y durante ese tiempo, sin que nos demos cuenta, el cerebro trabaja. Inventa **sueños**, historias agradables. Pero también crea **pesadillas**, historias que dan tanto miedo que pueden llegar a despertarte. Por suerte, ¡no son más que fantasías!

## la visita al médico

Para asegurarte de que todo anda bien, de que estás creciendo como debes, hay que ir al médico con regularidad para que te visite. Los médicos también van a las escuelas.

**1** El médico te mide y te pesa con la **báscula**.

### Los dientes

Un niño tiene 20 **dientes de leche**: 8 incisivos, 4 caninos y 8 molares. Hacia los 6 años, se caen y son remplazados por unos dientes que son los que permanecen toda la vida. Un adulto tiene 32 dientes. Hay que cepillarse los dientes todos los días, ya que si quedan trozos de comida entre ellos se formarán pequeños agujeros, la **caries**.

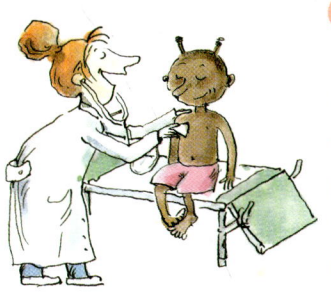

**2** También te **ausculta**: te escucha los pulmones y el corazón con un **estetoscopio**.

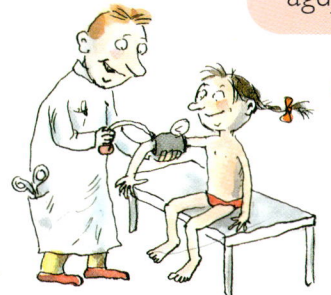

**3** Te toma la **tensión**, para saber a qué velocidad circula la sangre por tus venas.

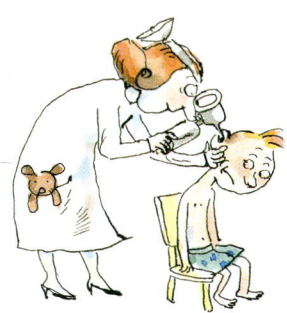

**5** Te controla la **vista**.

**4** Te mira los **oídos**. Con una espátula te baja la lengua para poder ver el fondo de la **garganta**.

**6** Te **palpa** el cuerpo. Apoyándose sobre la barriga, puede notar el hígado y el estómago.

# Crecer

Desde que eres un bebé hasta que te haces adulto se producen muchos cambios. El cuerpo crece, se transforma. ¡Y se aprenden tantas cosas!

El **recién nacido** come y duerme. Crece muy rápido.

A los **seis meses**, el bebé sabe sentarse solo. Balbucea.

Hacia el **primer año**, da sus primeros pasos.

A los **2 años**, el niño empieza a hablar bien.

A los **4 años**, es el doble de grande que cuando nació.

A los **6 años**, aprende a leer, escribir y contar.

De los **6 a los 12 años**, sigue creciendo y aprendiendo.

Durante la **adolescencia**, el cuerpo cambia mucho.

A los **18 años** ya no es un niño, sino un adulto.

18

Una **familia** está formada por hijos, padres, abuelos y bisabuelos. Aquí tienes un árbol genealógico, un cuadro que representa una familia.

Los **bisabuelos** son los padres de los abuelos.

Los **abuelos paternos** son los padres del papá.

Los **abuelos maternos** son los padres de la mamá.

Los **padres** son el papá y la mamá de los hijos.

Los **tíos** y las **tías** son los hermanos y las hermanas de los padres. Los **primos** y las **primas** son los hijos de los tíos y las tías.

Éstos son los **hijos**. Son **hermanos** y **hermanas**.

# La ciudad

**Una ciudad es un conjunto de casas, de calles, de plazas y de edificios donde vive y trabaja un gran número de personas. No todas las ciudades son igual de grandes. Algunas son muy modernas, otras son más antiguas.**

**❶ El parque de bomberos**

Es donde los bomberos esperan a que les llamen para ir a apagar un incendio o socorrer a personas heridas.

**❷ La escuela**

En cada ciudad hay varias **escuelas**. Los niños pequeños van a la guardería. Después, entran en la escuela, y cuando son mayores van al instituto. La escuela es obligatoria de los 6 a los 16 años.

**❸ La estatua**

Para recordar a los hombres y mujeres que han hecho cosas importantes por el país o la ciudad, se construyen **estatuas** y **monumentos**. También sirven para decorar las ciudades.

### 5 La **estación**
Los trenes, al igual que las carreteras, permiten unir la ciudad con otras ciudades y pueblos. La **estación** es el lugar de donde salen y adonde llegan los trenes. A veces, las grandes ciudades tienen varias estaciones.

### 6 La **comisaría de policía**
Los policías vigilan la ciudad. Si ven que una persona está haciendo algo que no se puede hacer, se la llevan a la **comisaría**. Los policías se encargan de hacer que las leyes se respeten.

### 7 El **ayuntamiento**
La persona que organiza la vida de la ciudad es el alcalde. Le ayudan los concejales. Todos ellos trabajan en el **ayuntamiento**.

### 8 La **iglesia**
Un tejado en punta coronado por una veleta: es el campanario de la **iglesia**.

### 4 El **barrio**
Es una parte de la ciudad. En una misma ciudad, los **barrios** pueden ser muy distintos entre sí.

### 9 El **parque**
Cuando se acaba la escuela, los padres o la canguro llevan a los niños al **parque** para que corran y jueguen al aire libre.

# La calle

Las ciudades tienen calles por las que circulan coches, motos y bicicletas. Los peatones caminan por las aceras. En la calle hay tiendas de todo tipo.

Los coches, las motos y las bicis circulan por la **calzada**.

La **señal de dirección prohibida** indica que los coches no pueden circular por la calle en ese sentido.

En la **carnicería** se compra carne.

En la **tienda de moda** se compra ropa.

En la **panadería** se compran pan y productos de bollería.

El **guardia urbano** ayuda a los niños a cruzar por el **paso de peatones**.

En la **floristería** se venden flores y plantas.

> **¡No te pierdas!**
> ¿Conoces el camino para ir a la escuela? Las tiendas y sus escaparates, los restaurantes y las señales de tráfico también son puntos de referencia que te pueden ayudar a encontrar el camino.

En el **quiosco** se compran periódicos y revistas.

Los niños juegan en el **parque**. También se le llama **jardín público**.

# La casa

**Este es un edificio de varias plantas. Tal vez se parece al edificio en el que vives, o a alguno de los que has visto paseando por la calle.**

Un **edificio** es una gran casa con varias **plantas**.

En la **fachada** de este edificio hay muchas ventanas y un **balcón**.

En el tejado hay **chimeneas** por las que sale el humo.

La **antena** está colocada en el tejado. Permite recibir las emisiones de televisión.

Las **ventanas** son unas aberturas hechas en la fachada. Las ventanas tienen **cristales** para dejar pasar la luz.

Cuando queremos dormir, cerramos las **contraventanas**.

El agua de la lluvia cae por el **canalón**.

Accedemos a un edificio por la **puerta de entrada**.

Al atravesar la entrada, pasamos al **portal** o **vestíbulo**.

24

Un edificio como éste está dividido en varios **pisos**.
Algunas zonas son **comunes**, como por ejemplo las escaleras o el ascensor.
Allí es donde la gente se encuentra y habla. Observa bien el dibujo
y descubre qué hace cada vecino de este edificio.

### Las casas

Existen varios tipos de casas.

Un **chalet** es una casa de una o dos plantas.

Una **villa** es una casa grande, a menudo rodeada por un jardín.

Un **castillo** es un edificio antiguo, muy grande, rodeado de murallas y que a veces tiene torres.

# Las casas del mundo

En la Tierra, las personas viven en todo tipo de casas. Pueden ser muy altas o de una sola planta, de madera, de piedra, de paja, alzarse sobre postes o estar cavadas en la roca.
La mayoría son inmóviles, pero algunas se pueden desplazar.

En los pueblos africanos, las **cabañas** están hechas de tierra y paja. Son casas pequeñas cuyo interior se mantiene fresco a pesar del calor.

En otros tiempos, los esquimales construían **iglúes** cortando y ensamblando bloques de hielo. Los iglúes cobijaban a los cazadores. Hoy en día, viven en pequeñas casas de madera.

Un **rascacielos** es un edificio muy alto, con muchas plantas. Es tan alto que parece que toque el cielo.

Las **roulottes** y las **caravanas** son casas sobre ruedas.

En los países en los que llueve mucho, la gente vive en **palafitos**, casas construidas sobre postes de madera clavados en el suelo.

En la montaña hay **refugios de montaña**. Tienen el tejado inclinado para que no se acumule la nieve.

Hace mucho tiempo, los indios de América vivían en **tipis**, tiendas hechas con pieles de animales.

Los reyes y las reinas, los príncipes y las princesas viven en **palacios**, unas enormes y lujosas casas.

Los **tuaregs**, nómadas que recorren el desierto del Sahara, en África, se cobijan en **tiendas**.

Los **trogloditas** fijan sus casas en las **cavernas** o en los **agujeros** excavados en las rocas.

# Cómo se construye una casa

**En la construcción de una casa o de un edificio participan muchos obreros. Cada uno tiene una función muy específica.**

El **arquitecto** dibuja los planos de la casa.
El **jefe de obra** dirige los trabajos.

El **albañil** construye las paredes de la casa.
El **techador** cubre el tejado con tejas, pizarra o chapa.

28

El **pintor** pinta las paredes. El **fontanero** instala las tuberías de agua y los grifos. El **carpintero** se ocupa de todo lo que sea de madera.

El **electricista** conecta los cables e instala los **enchufes**. Un **operario** conduce la excavadora, una máquina equipada con una gran pala con la que hace agujeros.

### El juego de los oficios
Diviértete buscando a estos personajes en el dibujo.

arquitecto — jefe de obra

techador — albañil

pintor — fontanero

carpintero — electricista

# Cómo funciona una casa

Abres el grifo, y empieza a salir agua. Pulsas un interruptor, y se enciende la lámpara. Tiras de la cadena y... ¡zas! todo desaparece. Suena el teléfono. Es tu abuela que quiere hablar contigo. Pero, ¿cómo funciona todo esto?

Las **centrales eléctricas** producen la electricidad.

La electricidad llega a las casas a través de cables.

El **agua** y el **gas** proceden de fábricas instaladas en las afueras de las ciudades. Llegan hasta las casas a través de galerías excavadas bajo el suelo.

Para apagar un fuego, los bomberos necesitan agua. Para obtenerla, conectan su manguera a la **boca de incendios**.

El **depósito de agua** es una reserva inmensa de agua. Está conectado a las casas a través de enormes tuberías.

La **central telefónica** es el lugar en el que se juntan las distintas líneas de teléfono.

Los desechos los recogen unos camiones especiales, los camiones de la basura. La basura se transporta a las **incineradoras de desechos**, donde se quema.

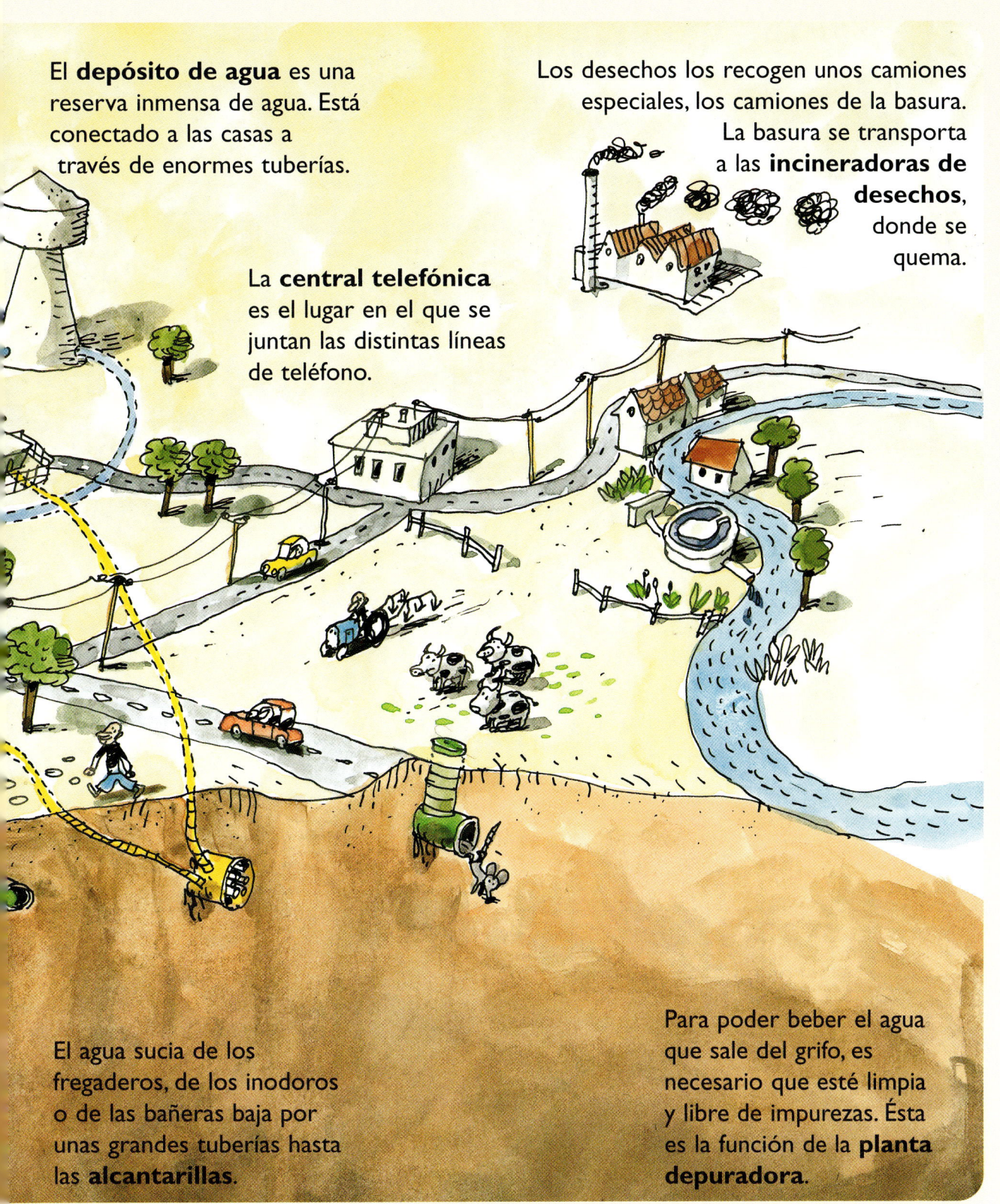

El agua sucia de los fregaderos, de los inodoros o de las bañeras baja por unas grandes tuberías hasta las **alcantarillas**.

Para poder beber el agua que sale del grifo, es necesario que esté limpia y libre de impurezas. Ésta es la función de la **planta depuradora**.

# El supermercado

En el supermercado se puede comprar de todo: productos frescos como la leche, la fruta, las hortalizas, la carne o el pescado, pan y pasteles, conservas, ropa, productos de belleza, productos de limpieza, libros, ¡e incluso caramelos y juguetes!

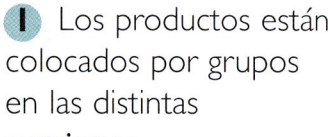

❶ Los productos están colocados por grupos en las distintas **secciones**.

❷ Un **empleado** coloca los productos en cada sección.

❸ Hay que pagar en la **caja** todo lo que se ha comprado.

❹ Conviene utilizar un **carro** para transportar la compra sin cansarse.

❺ Los **guardas de seguridad** vigilan el establecimiento.

❻ Cada día, unos camiones traen la mercancía.

❼ La mercancía se transporta en grandes plataformas llamadas **palés**. Estos palés se descargan con

## Las secciones:

**8** Los **productos de limpieza** son todos los productos que sirven para limpiar la casa.

**9** Los **productos lácteos**, los yogures, la leche fresca, los quesos y los huevos se conservan en frío en la sección de **refrigerados**.

**10** La **fruta** y las **hortalizas**.

**11** En la **charcutería** se venden **quesos**, **embutidos** y **fiambres**.

**12** En la **pescadería** el pescado y el marisco se conservan sobre hielo.

**13** En la **panadería** se puede comprar todo tipo de pan así como productos de bollería.

unas carretillas elevadoras. Después, se lleva la mercancía al almacén antes de colocarla en las distintas secciones del supermercado.

### ¿Cómo se paga?
Se puede pagar:

con **billetes** y con **monedas**;

con un **cheque** o una **tarjeta de crédito**.

### ¿Dónde están escondidos?
A ver si encuentras a estos personajes en el supermercado.

# La oficina de correos

Acabas de escribirle una carta a un amigo que vive lejos... En la oficina de correos, varias personas se encargarán de que tu carta llegue pronto a su destinatario.

En la **ventanilla** se pueden comprar los sellos y entregar el sobre o el paquete que se desea enviar.

Allí mismo pesan la **carta** o el paquete para saber el precio del sello que hay que comprar.

En el **sobre** o el paquete que envías, debes escribir:
• el **nombre** de la persona que lo va a recibir;
• su **dirección**, es decir, el nombre de la calle y el número, la ciudad o el pueblo donde vive.

La carta cae en una caja. Los **empleados de correos clasifican** todas las cartas, es decir, las agrupan y las ponen dentro de sacos diferentes según su destino: España, Francia, Estados Unidos, Japón, etc.

El **sello** es un trozo de papel adhesivo que se compra para pagar el transporte de la carta o del paquete. Cuanto más pesa el sobre o el paquete, más caro es el sello.

Una **camioneta** se lleva los sacos. Las cartas que van lejos se transportan en tren o en **avión**.

El **cartero** es la persona que deposita las cartas en los buzones de las casas, después de haber comprobado los nombres y las direcciones escritos en los sobres.

### El correo electrónico

Hoy en día existen otros medios para escribirse, aparte de las cartas.

Si dos personas tienen cada una un **ordenador** y una **dirección de correo electrónico**, pueden escribirse y enviarse una carta directamente a través del **ordenador**.

Este tipo de carta se denomina **e-mail**.

# El hospital

**Vamos al hospital para que nos curen o nos operen. En los hospitales también es donde las mamás dan a luz a sus bebés.**

1. Los enfermos se presentan en **recepción**.
2. Los enfermos esperan su turno en la **sala de espera**.
3. Cada médico tiene su especialidad. El **otorrinolaringólogo** cura la nariz, la garganta y los oídos. El **oftalmólogo** cura

los ojos y el **cardiólogo** cura el corazón.

**4** El **radiólogo** realiza escáneres y radiografías.

**5** El **quirófano** es la sala donde los **cirujanos** operan a los enfermos. El **anestesista** duerme al enfermo antes de la operación.

**6** Las mamás dan a luz en la **maternidad**.

**7** Los enfermos descansan y reciben visitas en su **habitación**.

**8** Los **enfermeros** y las **enfermeras** se relajan en la **sala de descanso**.

**9** Algunos enfermos necesitan cuidados especiales que requieren el uso de aparatos. Son los **cuidados intensivos**.

**10** El **pediatra** es el médico que cura a los niños.

**11** La **ambulancia** es una camioneta especial que permite transportar a personas enfermas y heridas, que son atendidas en **urgencias**.

37

# El garaje

Para que un coche funcione bien, hay que realizar un mantenimiento. Hay que revisar los neumáticos y comprobar el aceite.
A veces, hay que desmontarlo para repararlo.

**1** Los **parachoques**, delantero y trasero, protegen el coche en caso de colisión.

**2** Cuando oscurece, el conductor enciende los **faros** del coche para iluminar la carretera y para que los demás coches lo vean bien.

**3** El **motor** es el aparato que permite que el coche se mueva. Casi siempre está situado en el **capó** delantero del coche.

El **elevador** permite al mecánico alzar el coche y hacer reparaciones en la parte inferior del mismo.

Los **mecánicos** son especialistas en la reparación de automóviles. Comprueban el estado del motor. También reparan o cambian las piezas rotas.

**4** El **tubo de escape** está situado debajo del maletero del coche. Es un tubo pequeño por el que salen los gases del motor.

**5** La **carrocería** es la parte metálica que recubre el coche.

**6** Las ruedas están equipadas con neumáticos. En el centro, un **tapacubos** tapa los tornillos de su eje.

**7** El **parabrisas** es el cristal que hay en la parte delantera del automóvil. El cristal de la parte trasera se llama ventanilla trasera. Cuando llueve, los **limpiaparabrisas** retiran el agua de la lluvia para que el conductor vea bien la carretera.

# El parque de bomberos

Llamamos a los bomberos cuando hay que apagar un incendio. También cuando hay inundaciones, cuando hay personas que están en peligro o cuando se produce un accidente.

## El parque

El parque es el lugar en el que los bomberos se reúnen y esperan a que les llegue un aviso. Disponen de dormitorios para poder descansar y dormir cuando tienen que pasar la noche allí. Los camiones están aparcados en el parking.

**¡Fuego!**

¡Han dado un **aviso**! Los bomberos se preparan.

Se ponen los **trajes** que les protegen del fuego.

También se ponen un **casco metálico**.

Bajan deslizándose por una barra.

Suben al **coche de bomberos**.

¡Rápido! Se dirigen al lugar del **incendio**.

40

El coche de bomberos está equipado con una **manguera de incendios** y una **gran escalera** que los bomberos despliegan para alcanzar los pisos superiores de las casas. A veces los bomberos se ven obligados a sacar a las personas por una ventana cuando hay fuego en las escaleras. Las hacen saltar sobre una inmensa **red** que sujetan con fuerza.

**Bomberos del aire**
Es imposible apagar un incendio forestal con mangueras de incendios. En estos casos, los bomberos utilizan un **hidroavión**, un avión equipado con grandes depósitos de agua. El avión sobrevuela el incendio, abre los depósitos y deja caer grandes cantidades de agua sobre el fuego.

# La comisaría de policía

**En la calle, los policías controlan la circulación, ayudan a los peatones a cruzar o comprueban que no ocurra nada fuera de lo normal. Otros policías trabajan en la comisaría.**

El **coche de policía** está equipado con una sirena y una luz interminente y giratoria para que lo veamos desde lejos y le cedamos el paso.

Los **motoristas** son policías que van en moto. Saben colarse entre los coches para ir más rápido.

42

**En una comisaría de policía hay muchos despachos.**

**❶** Un policía atiende por **teléfono** a las personas que necesitan ayuda.

**❷** Con un **plano** del barrio, los policías buscan soluciones para disminuir los **atascos**.

**❸** A un señor le han robado el coche. Ha venido a poner una **denuncia**: explica cómo ha ocurrido. Todo lo que dice se pone por escrito.

**❹** Acaban de detener a un ladrón. Pasará una noche en el **calabozo**, una sala aislada de la comisaría de policía, antes de que le lleven a la cárcel.

43

# El estadio de fútbol

**Algunos minutos antes del partido, los hinchas empiezan a llenar las gradas. Los 11 jugadores de cada equipo salen al terreno de juego. El árbitro indica el momento del saque.**

Los **hinchas** son espectadores que asisten al partido para animar a sus jugadores favoritos. Visten los colores de su equipo.

¡VIVA LOS AMARILLOS!

coma CARAMÚS

El **portero** se prepara para detener el balón. Se protege las manos con unos gruesos guantes de cuero. Suele llevar el número 1 en la camiseta.

Un **campo de fútbol** mide:
- entre 90 y 120 metros de largo
- 80 metros de ancho de media

44

Cada jugador ocupa una posición distinta en el terreno de juego.
1. Los **defensas** se encargan de proteger sus porterías.
2. Los **delanteros**, y el **delantero centro** más concretamente, deben marcar goles.
3. Los **centrocampistas** pasan el balón desde la **defensa** hacia la **delantera**.

## El equipo del futbolista

Cada jugador lleva una **camiseta** con los colores de su equipo, lo que permite distinguirlo de sus adversarios. Su nombre y su número están inscritos en la camiseta. Las botas están equipadas con **tacos** que le permiten desplazarse sobre el terreno de juego sin resbalar, sobre todo cuando hay barro.

Camerún

Brasil

### El árbitro
...ltas y sanciona ...dores que no ... las reglas de juego.

...a tarjeta ...arilla ...ca ...or tiene ...stación; una **tarjeta roja** significa ...bandonar el terreno de juego.

Las **porterías** miden 7,23 metros de largo y 2,44 metros de alto.

Las selecciones nacionales están formadas por los mejores futbolistas escogidos para participar en una competición en representación de su país, por ejemplo, en los mundiales que se celebran cada cuatro años.

## El gimnasio y el estadio

Los gimnastas se entrenan en una gran sala cubierta, al resguardo de la lluvia. En cambio, el atletismo se practica en un estadio al aire libre.

Para hacer gimnasia se utilizan varios **aparatos**: las anillas, las barras, el potro, etc.

En el suelo se coloca una **colchoneta** gruesa de espuma para que nadie se haga daño al caer.

Para saltar el **potro** hay que abrir mucho las piernas.

Sobre la **barra de equilibrio** se puede caminar, correr, saltar y darse la vuelta. ¡Cuidado con no perder el equilibrio!

Para hacer ejercicios en las **anillas** hay que tener mucha fuerza en los brazos.

Las **barras asimétricas** no están colocadas a la misma altura. ¡No es fácil pasar de una a otra!

En las **barras paralelas** podemos desplazarnos estirando los brazos.

## En el estadio

Sobre la **pista** de tierra batida que rodea el estadio, los atletas hacen **carreras** y saltan **vallas** mientras corren.

En el **salto de longitud**, hay que tomar impulso corriendo y caer, con los pies por delante, lo más lejos posible.

En el **salto con pértiga** y el **salto de altura**, hay que superar una barra cada vez más alta... ¡sin que se caiga!

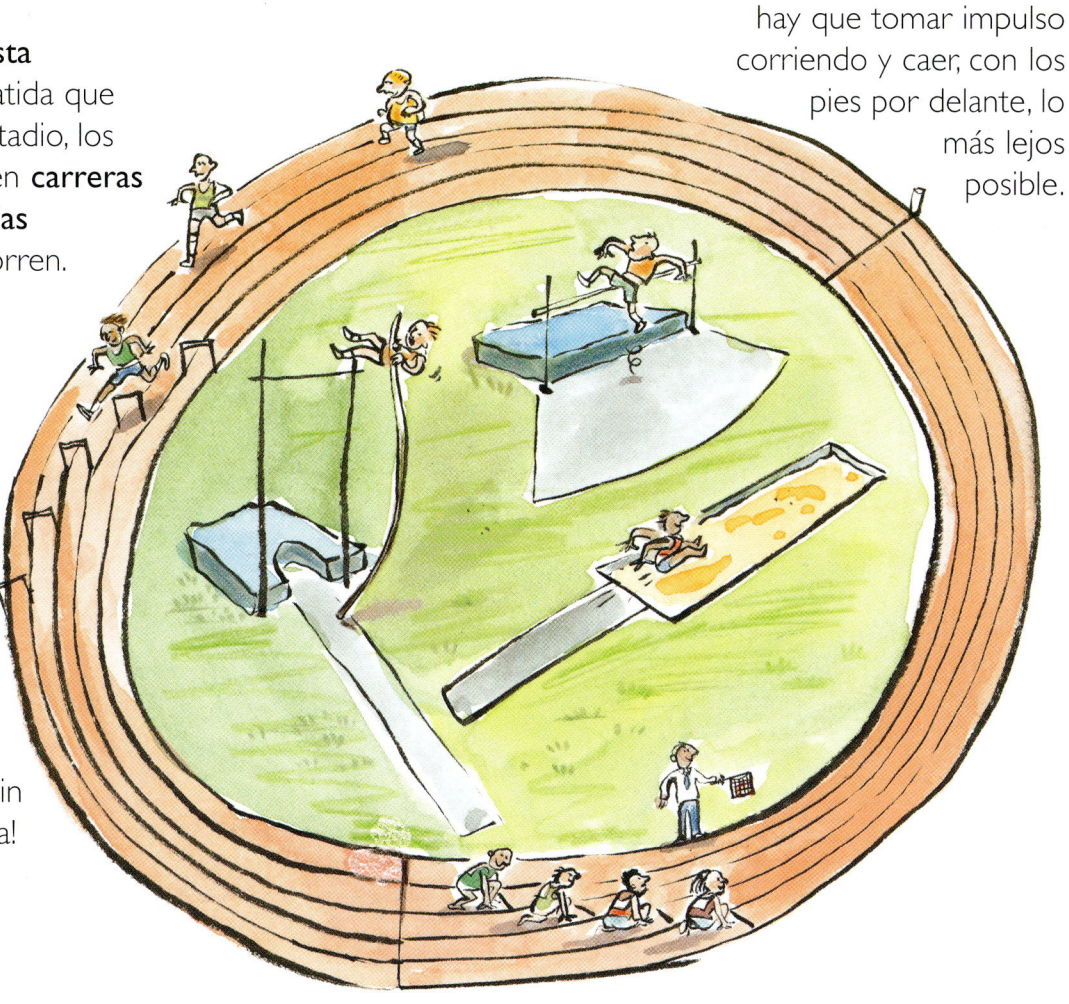

Existen tres pruebas de **lanzamiento**: disco, jabalina y peso.

El **disco** pesa 2 kilos.

El **peso** pesa 7,26 kilos para los hombres y 4 kilos para las mujeres.

La **jabalina** mide 2,70 metros para los hombres y 2,20 para las mujeres.

# El club de equitación

**Los pequeños jinetes han entrado en el picadero. El profesor de equitación, fusta en mano, les enseña a hacer un ejercicio difícil: el salto de obstáculos.**

El **picadero** es el lugar donde se aprende a montar a caballo. Consta de una pista rodeada de vallas o de pequeñas paredes de madera.

En un picadero, el **criador** cuida y alimenta a los poneis y a los caballos. Los caballos nacen y crecen allí. Aprenden a obedecer y a llevar la silla de montar.

la **fusta**

El **profesor de equitación** dirige el entrenamiento. Da consejos a sus alumnos para que éstos hagan progresos.

El **obstáculo** es una barrera de madera o de plástico que el caballo debe superar. Las barras caen si el caballo las toca, para que éste no se haga daño.

Un **jinete** es una persona que monta a caballo. El jinete profesional que participa en carreras de caballos se llama **jockey**.

El suelo de la pista está recubierto de **serrín**. Esta madera en polvo, muy blanda, evita que los caballos o el jinete se hagan daño en caso de caída.

Antes de montar la silla, hay que asegurarse de que el póney esté sano y prepararlo.

1. **Almohazar** un póney es cepillarlo.

2. ¡El póney tiene derecho a ir bien peinado!

3. **Mondar las herraduras** consiste en limpiarlas rascándolas.

4. Ponemos la **manta de la silla** antes de colocar la **silla**.

5. La **brida** está compuesta por el **bocado** y las **riendas**.

6. Después del esfuerzo, hay que **cepillarlo**.

7. Una ración de **cereales**. ¡Le encantan!

## El equipo

La **gorra** es una especie de casco duro, casi siempre recubierto de terciopelo negro. Protege la cabeza en caso de caída.

Las **botas** pueden ser de cuero o de plástico. Van ceñidas a la pantorrilla.

El jinete coloca los pies en los **estribos**, que están fijados a la **silla**.

# El circo

¡Damas y caballeros, todos los artistas del circo se han reunido bajo esta carpa para ofrecerles sus mejores números!

La **amazona** hace acrobacias sobre su caballo lanzado al galope.

El **señor Totón** presenta a los artistas.

Los **malabaristas** lanzan y recogen varios objetos a la vez.

El **domador** sabe hacerse respetar por las fieras. ¡Pero cuidado! Aunque estén domadas, las fieras siguen siendo peligrosas.

Cuando el número termina, los animales regresan a sus **jaulas**.

Los **espectadores** están sentados en las **gradas** que hay colocadas alrededor de la pista.

El suelo está recubierto de **serrín** para que los artistas y los animales no se hagan daño.

Los **payasos** hacen reír al público contando chistes y haciendo payasadas.

El **mago** consigue que salgan conejos de su sombrero.

**¡Animales, a la pista!**
Para conducir a los animales peligrosos hasta la carpa del circo, se meten dentro de una pequeña jaula sobre ruedas. Después, los animales pasan por un **túnel** para salir a la pista.

# El parque de atracciones

¡Cuánta gente paseando, en las casetas y en las atracciones! Todo está hecho para divertirse, aunque de vez en cuando haya que hacer cola. Pero, ¿por dónde empezamos?

el castillo encantado

La **noria** permite ver el parque de atracciones desde las alturas.

la **pesca con sedal**

El **tiovivo** gira y gira al son de la música.

la noria

En la **caseta de tiro** hay que dar en el **blanco**. Si se tiene buena puntería, se pueden ganar muchos premios.

El **algodón de azúcar** es bueno y dulce... ¡pero se pega a los dedos!

Las **montañas rusas** no son para niños pequeños. En las **vagonetas** que suben y bajan a toda velocidad por los carriles pasarían mucho miedo.

# Los espectáculos

**Cine, teatro, conciertos, marionetas... En una ciudad se puede asistir a una gran variedad de espectáculos.**

## 1. el cine

¡Qué divertido es ir al **cine** a ver una película de **dibujos animados**! Aunque a veces haya que hacer cola.

En la **sala**, cuando las luces se apagan, hay que guardar silencio.

Los dibujos animados están hechos a partir de **dibujos** a lápiz.

El **dibujante** inventa todo tipo de personajes.

A continuación, se colorean. Después, se **filman** los dibujos uno por uno.

Al proyectarlos a mayor velocidad, parece que los personajes se muevan.

## 2. el concierto

En el escenario, la **cantante** canta un aria de ópera. Sentado tras su gran **piano de cola**, el **pianista** la acompaña.

## 3. el teatro de marionetas

Escondidos detrás del escenario, los **titiriteros** mueven las marionetas mientras cuentan un cuento. Las voces que oímos son suyas.

Sentados en la sala, los espectadores sólo ven las **marionetas**. Parece que éstas se muevan y hablen por sí solas.

## 4. el teatro infantil

Los actores se disfrazan con **vestidos** para que el personaje que interpretan se entienda mejor.

En el teatro, los intérpretes son **actores** y **actrices** que se han aprendido de memoria todo lo que deben decir.

# ¡Que suene la música!

**¡Qué bonita es la música! Cuando la oímos, nos entran ganas de cantar, de bailar, y sentimos todo tipo de emociones.**

Esta es una orquesta sinfónica. El **director de orquesta** dirige a los músicos con su batuta. Los **músicos** se colocan formando un semicírculo: los **instrumentos de cuerda** delante, los **instrumentos de viento** detrás y, al fondo, los de **percusión**.

La **banda** o **charanga** es una orquesta compuesta principalmente por instrumentos de viento de metal: trompetas, saxofones, trombones y tuba.

Toca canciones alegres, además de marchas, que sirven de acompañamiento en los desfiles. El gran tambor es el que lleva el **ritmo**.

Los músicos de **jazz** tocan la trompeta, el saxofón, el piano o el contrabajo.

A menudo, acompañan a un o una cantante. Decimos que es un o una **solista**.

# Los artistas

**En un museo, se pueden admirar los cuadros y las esculturas creadas por los artistas.**

Muchos cuadros están protegidos por un **cristal** para que no se estropeen.

Los cuadros suelen llevar un **marco** como adorno. Algunos marcos están muy decorados.

Una pequeña **placa** indica el nombre del cuadro, el nombre del pintor y la fecha en la que lo pintó.

Cuando estamos cansados, o para ver mejor un cuadro grande, podemos sentarnos en los bancos.

Un **vigilante** se asegura de que nadie toque las obras de arte.

Al mirar algunas **esculturas**, en seguida reconocemos lo que el escultor ha querido representar. Otras veces hace falta mucha imaginación.

Algunos **pintores** pintan basándose en un **modelo** que posa para ellos.
Normalmente trabajan en un **taller**.
Cada pintor tiene su propio modo de pintar. Cada cuadro es único.

Un **escultor** puede utilizar muchos **materiales**:
tierra, piedra, mármol, madera. Incluso plástico o hierro.

# Los trenes

¡Viajeros al tren! En los andenes, los pasajeros se apresuran para subir al tren.

**❶** El **jefe de estación** vigila que todo vaya bien. Él es quien da la salida.

**❷** El **andén** es el pasillo junto a las **vías**, en las que están estacionados los trenes.

**❸** Los billetes se compran en las **taquillas** antes de subir al tren.

Actualmente, los trenes son eléctricos. La próxima vez que veas un tren, obsérvalo bien. Si alzas la vista, verás que está unido a un cable eléctrico.

Los **trenes de pasajeros** sólo pueden llevar personas.

Los **vagones de cereales** transportan trigo, maíz, etc.
En los **vagones para automóviles** se transportan los coches que acaban de ser fabricados. Los **vagones cisterna** llevan líquidos: leche, agua, gasolina, etc.

Los **trenes de mercancías** transportan productos muy pesados, como carbón, rocas, material para la construcción, etc.

El **AVE** (tren de Alta Velocidad Española) es un tren de transporte de pasajeros muy rápido. Puede alcanzar los 300 km/h.

# En el aeropuerto

**Los aeropuertos suelen estar situados en las afueras de las ciudades, ya que hace falta mucho espacio para todas las instalaciones: la terminal, en la que se reúnen los pasajeros, las pistas de despegue y aterrizaje y los hangares para los aviones.**

① La **pista** es una larga carretera recta sobre la que despegan y aterrizan los aviones.

② La **terminal** es el edificio en el que los pasajeros esperan antes de embarcar y donde desembarcan a su llegada.

③ En la **torre de control**, los **controladores aéreos** siguen la posición de los aviones gracias a los **radares**. Los controladores dan al piloto la autorización para despegar o aterrizar cuando la pista está libre.

④ Los pasajeros no pueden caminar por las pistas. Un **transbordador** los conduce hasta su avión.

⑤ Para subir al avión, los pasajeros y la **tripulación** utilizan el **túnel de embarque**.

⑥ El **equipaje** se transporta hasta los aviones en unos **pequeños carros**.

La tripulación del avión está formada por el **comandante de vuelo**, que es quien está al mando, el **copiloto**, que le ayuda, y los **auxiliares de vuelo**, que se ocupan de los pasajeros durante el vuelo.

**9** Las **alas** del avión le permiten mantener el equilibrio. En ellas está almacenado el **carburante**, el líquido que, al quemarse, permite que el avión se mueva.

**10** Los aviones, los camiones y los carros se estacionan en los **hangares**.

Durante el vuelo, el avión es pilotado por un **ordenador**. Es lo que se conoce como **piloto automático**.

**7** La **bodega** es la parte del avión en la que se coloca el equipaje.

**8** Las **pistas de aterrizaje** están convenientemente señalizadas.

### El helicóptero

Para volar, el helicóptero no utiliza alas, sino una **hélice de palas** giratorias. Despega y aterriza en vertical, sin necesidad de rodar por el suelo. También puede sostenerse en el aire sin moverse. Por eso los helicópteros se utilizan para vigilar las carreteras y las costas, tomar fotografías aéreas o llegar a lugares de difícil acceso.

# Los barcos

**Por los mares y los ríos navegan todo tipo de barcos. Hay barcos de vela, y otros que funcionan con motor.**

Los **buques de carga** están especialmente diseñados para el transporte de mercancías.

Los **transatlánticos** son barcos de gran tamaño pensados para el transporte de pasajeros en viajes largos por mares y océanos.

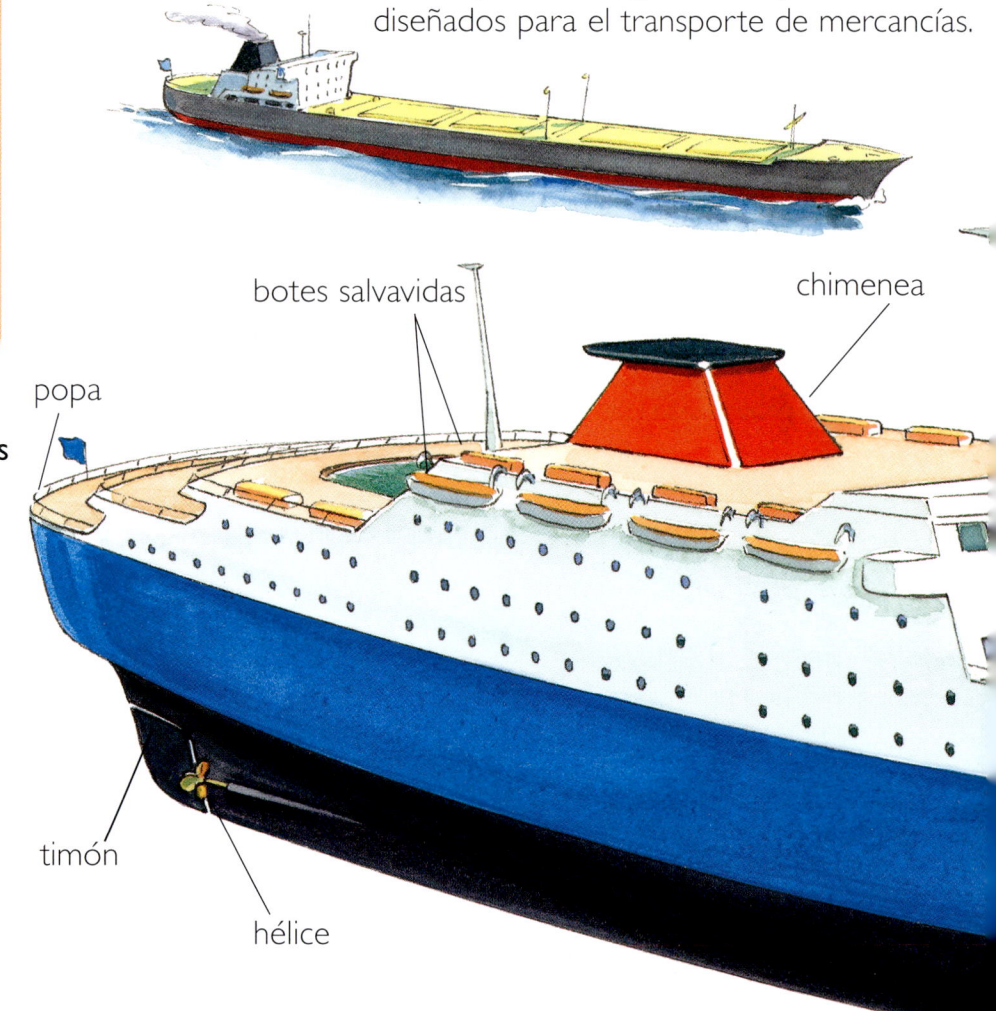

botes salvavidas

chimenea

popa

timón

hélice

Los **submarinos** pueden navegar por debajo del agua durante varias semanas. Se desplazan gracias a una **hélice** situada en la parte trasera y tienen unos motores enormes ocultos en la parte inferior del casco. El **periscopio** permite ver lo que hay en la superficie del agua cuando están sumergidos.

Las **lanchas** son potentes barcas de motor.

Los **pesqueros** son barcos de pesca.

radar

puente de mando

proa

ancla

casco

La fuerza del viento hace avanzar a los **veleros**.

El **junco** es un velero chino.

## Lobos de mar

Los **pescadores** zarpan a la mar para pescar peces.

Suelen pasar varios días en alta mar.

El **capitán** está al mando de los grandes buques comerciales.

El **navegante** viaja por el mar. Cuando está solo, es un **navegante solitario**.

# Coches, bicis, motos...

**Los coches, las motos y los autobuses están equipados con un motor que les permite desplazarse rápidamente. La bicicleta y el skateboard ruedan gracias a la fuerza de tus músculos.**

Antes de aprender a montar en una bicicleta de dos ruedas, los niños aprenden a mantener el equilibrio en una **bicicleta con dos ruedecitas** estabilizadoras en la parte trasera. Eso evita que se caigan.

El **skateboard** es una plancha equipada con ruedecitas. Hay que ser muy hábil para conseguir avanzar sin perder el equilibrio.

Aprender a montar en **bicicleta** no siempre es fácil.

Los **patines en línea** son botas equipadas con ruedas.

Los **patines sobre ruedas** se pueden atar a cualquier tipo de zapato.

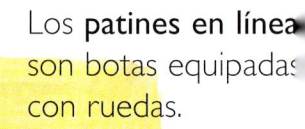

Es el gran día del inicio de las vacaciones. Todas las maletas ya están guardadas en el maletero o atadas a la baca del coche. Los pasajeros han subido a sus vehículos. Pero, ¡vaya! Los coches y los autocares no pueden avanzar: hay un gran atasco.

### A toda velocidad

Los coches de carreras son mucho más rápidos que los coches normales. Pueden alcanzar una velocidad superior a los 300 km/h. Tienen un motor muy potente y unas ruedas más grandes para agarrarse bien a la carretera. También son más bajos para que el viento no los frene.

En un **ciclomotor** no hace falta pedalear.

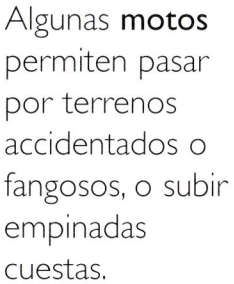

Algunas **motos** permiten pasar por terrenos accidentados o fangosos, o subir empinadas cuestas.

Las **motos** de la policía tienen unos motores muy potentes. Están equipadas con una radio.

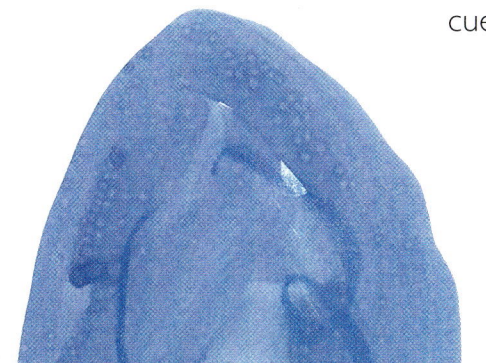

# Los túneles

**Para pasar por montañas altas sin tener que bordearlas, se cavan túneles. Los túneles también pueden pasar por debajo de los ríos e incluso por debajo del mar.**

Antes de empezar las obras, hay que asegurarse de que sean factibles. Un **topógrafo** estudia el terreno y toma nota.

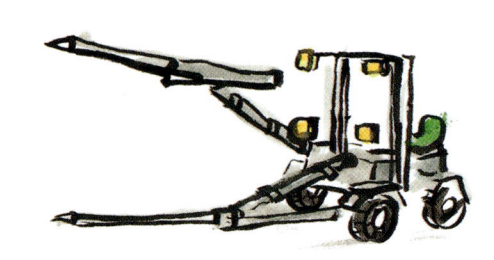

Si la roca es dura, una máquina, la **perforadora**, hace algunos agujeros. Dentro se colocan explosivos que rompen la roca.

Para que los humos de escape de los coches no se queden dentro del túnel, se construyen **bocas de ventilación**. Así, el humo puede salir.

Si la roca es blanda, se utiliza otra máquina, el **topo**, equipada con grandes discos cortantes. Esta máquina va tallando la roca a medida que avanza.

Una vez la roca ya está perforada, se consolida el túnel con un **armazón** de acero y hormigón.

El túnel está muy oscuro y los coches deben acordarse de encender las **luces**.

# El campo

**Plantaciones de trigo o maíz, rebaños de vacas o de ovejas, viñedos, pueblos... es el campo.**

Algunos granjeros crían **vacas** para obtener leche. La leche se puede beber o se puede utilizar para elaborar mantequilla y queso. Otros crían vacas por su carne.

En las regiones en las que llueve mucho, la hierba es muy verde.

El **ganadero** se asegura de que los animales de su rebaño estén bien.

Las vacas **pacen** en el prado: se alimentan de hierba.

El **abrevadero** es un depósito de agua. En él beben los animales.

En muchas zonas del Mediterráneo se cultivan vides y olivos. En los **viñedos**, las **vides** están plantadas en filas. La **uva** brota en racimos en las vides. Al final del verano, se recoge la uva para comerla y, sobre todo, para hacer **vino**. Las aceitunas son el fruto del **olivo**. Con ellas se elabora el **aceite**.

### El ciclo de los cultivos

A principios del invierno, el agricultor **siembra** las **semillas** en la tierra.

En primavera, empiezan a aparecer pequeños **brotes**. A finales del verano, ya están listos para ser recogidos.

Una enorme máquina, la **cosechadora trilladora**, permite al agricultor segar y separar el grano. Es la **cosecha**.

Con el **trigo** y el **maíz** se fabrica harina. La **colza** y el **maíz** sirven para hacer aceite.
La **remolacha** sirve para alimentar al ganado.

# La granja

**En una granja siempre hay cosas que hacer: hay que alimentar a los animales, curarlos, ordeñar las vacas, preparar el trabajo del campo, conservar las máquinas...**

Los patos, las gallinas, los pavos y las ocas viven en el **corral**.

El **redil** alberga a las ovejas.

Las vacas duermen en el **establo**.

La **paja** sirve de colchón a los animales durante el invierno.

El **estiércol** huele mal. Está formado por excrementos de animales y paja vieja sobre la que éstos han dormido.

La **cosechadora trilladora** sirve para cosechar.

Los granjeros viven en la finca de la **granja**.

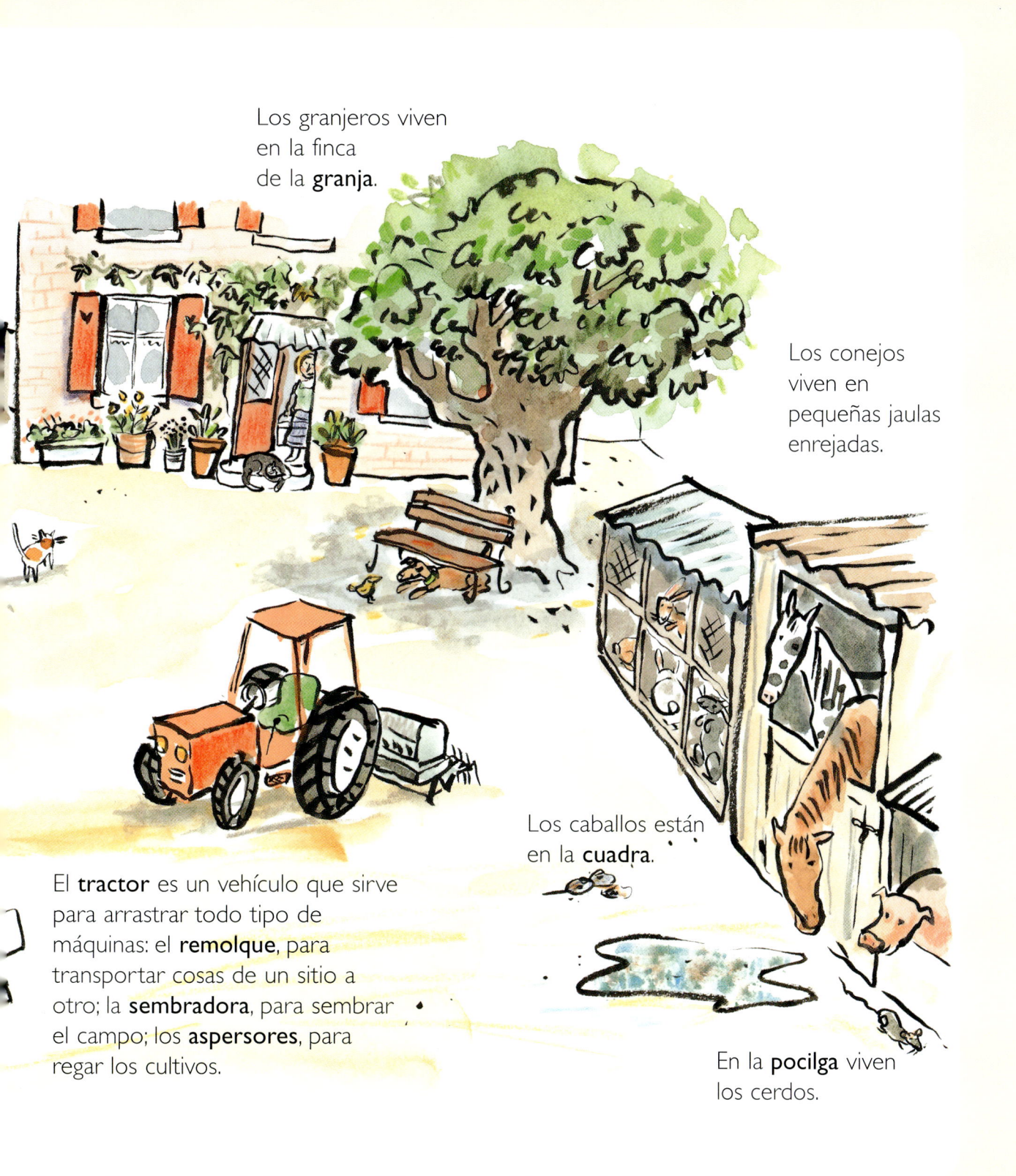

Los conejos viven en pequeñas jaulas enrejadas.

Los caballos están en la **cuadra**.

El **tractor** es un vehículo que sirve para arrastrar todo tipo de máquinas: el **remolque**, para transportar cosas de un sitio a otro; la **sembradora**, para sembrar el campo; los **aspersores**, para regar los cultivos.

En la **pocilga** viven los cerdos.

# Los ríos, los arroyos, los lagos...

**Un río es una gran corriente continua de agua por la que pueden navegar barcas. Algunos ríos son tan largos que cruzan varias regiones o varios países. No todos los ríos tienen la misma longitud, pero todos desembocan en el mar.**

## Corrientes

Un **arroyuelo** es un arroyo minúsculo que parece un hilo de agua.

Un **arroyo** es una corriente de agua pequeña y poco profunda.

Un **afluente** es una corriente de agua que desemboca en otra corriente de agua.

Un **río** es una corriente de agua que desemboca en el mar.

## Aguas estancadas

Las aguas de las charcas, las lagunas y los lagos **no fluyen**.

Una **charca** se forma cuando un agujero en el suelo se llena de agua procedente de la lluvia o de un arroyo.

CROAC

### La contaminación

Junto a los cauces de los ríos suele haber **fábricas**. Cada vez se vigila más que éstas no contaminen el agua vertiendo productos tóxicos o peligrosos.

Una **laguna** es una pequeña extensión de agua.

Un **lago** es una gran masa de agua. ¡Hay lagos que son tan grandes que parecen el mar!

# Las grutas

En algunos lugares, debajo de la superficie de la Tierra, el suelo está agujereado como un trozo de queso gruyère. Estas cavidades se llaman grutas, pozos y cavernas. Algunas ya han sido exploradas. Otras aún no han sido descubiertas.

**❶** Una gruta se forma cuando el agua de un arroyo se ha **infiltrado** poco a poco en una fisura de una roca. Si la roca no es muy dura, el agua sigue perforándola a lo largo de miles de años.

**❷** A veces, en el fondo de una gruta, el agua que se ha infiltrado forma un **río subterráneo**.

**❸** Dentro de la gruta, el agua cae gota a gota del techo, la **bóveda**. Con ella arrastra trozos minúsculos de roca que, con el paso del tiempo, forman una **estalactita**, una especie de escultura de piedra puntiaguda que crece hacia el suelo.

**❹** Cuando, por el contrario, va del suelo hacia el techo, la llamamos **estalagmita**.

**❺** Cuando una estalactita y una estalagmita se juntan, se forma una **columna**.

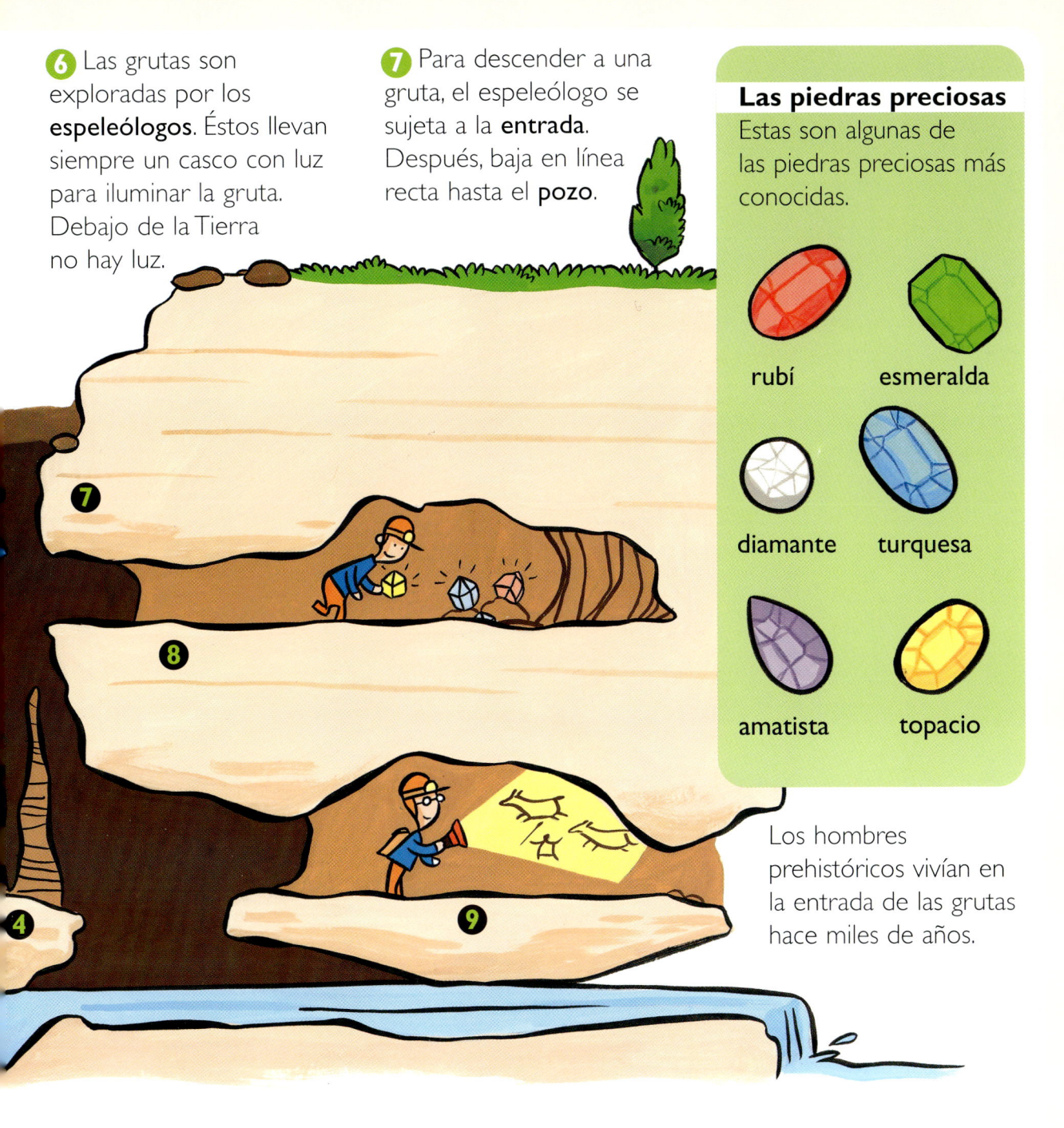

**6** Las grutas son exploradas por los **espeleólogos**. Éstos llevan siempre un casco con luz para iluminar la gruta. Debajo de la Tierra no hay luz.

**7** Para descender a una gruta, el espeleólogo se sujeta a la **entrada**. Después, baja en línea recta hasta el **pozo**.

### Las piedras preciosas
Estas son algunas de las piedras preciosas más conocidas.

rubí   esmeralda

diamante   turquesa

amatista   topacio

Los hombres prehistóricos vivían en la entrada de las grutas hace miles de años.

**8** Las grutas suelen estar conectadas entre sí a través de **galerías**. Algunas son tan estrechas que los espeleólogos tienen que agacharse para seguir adelante.

**9** A veces, los espeleólogos hacen descubrimientos extraordinarios, como las **pinturas rupestres** que dejaron en las paredes los hombres prehistóricos.

# En la costa

**En la orilla del mar, en la costa, hay playas de arena, dunas, salinas, acantilados o rocas. También hay puertos para los barcos.**

**❶** El **espigón** protege el puerto de las olas.

**❷** La luz del **faro** indica a los barcos la entrada al puerto cuando es de noche.

**❸** En algunas costas sólo hay **rocas** que descienden hasta el mar en lugar de playas de arena.

**4** El **mar** es azul cuando refleja el azul del cielo y gris cuando el cielo está nublado. También puede ser verde o marrón, debido a las algas y a todos los pequeños animales que viven en él.

**5** La **arena** de las playas está formada por minúsculos **pedazos de conchas y de rocas** desgastados con el paso del tiempo por el movimiento de las olas.

La **marea** es un fenómeno que hace **subir** y **bajar** regularmente el nivel del mar. Cuando la marea es alta, una parte de la playa queda cubierta por el mar. Con la marea baja, el mar se retira. Cada veinticuatro horas el mar sube y baja dos veces.

### El mar es salado

Los ríos, al fluir hacia el mar, arrancan a su paso pequeñas cantidades de **sal** contenidas en las rocas. El agua de la lluvia, al penetrar en el suelo, hace lo mismo. Cuando esta agua desemboca en el mar, vierte en él toda la sal que contiene.

# Bajo el mar

Bajo la superficie del mar existe todo un mundo. El tipo de vegetación no se parece mucho a la que crece en tierra firme. Además, hay peces de todo tipo.

Las **algas** son plantas que viven en el agua. Hay algas de distintas clases.

Un grupo de peces que nadan juntos se denomina un **banco de peces**.

A los submarinistas los llamamos **hombres rana** debido a las aletas que se ponen en los pies para nadar más rápido.

Cuando un barco se hunde, los **restos del naufragio** quedan en el fondo del mar.

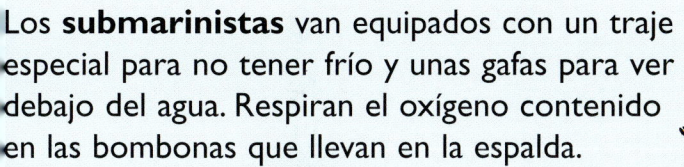

Los **submarinistas** van equipados con un traje especial para no tener frío y unas gafas para ver debajo del agua. Respiran el oxígeno contenido en las bombonas que llevan en la espalda.

Un **sumergible** es una pequeña embarcación con un motor que permite descender a una gran profundidad para observar el fondo de los mares y los océanos.

Los **corales** no son plantas. Son animales que crecen en los mares cálidos.

Los **cangrejos** y los **bogavantes** son **crustáceos**.

81

# El bosque

**A finales del verano, el bosque está precioso. Las hojas empiezan a caer de los árboles. En otoño, cubrirán el suelo como una tupida alfombra dorada que cruje bajo nuestros pies.**

Los **troncos** de los árboles talados han sido amontonados por los **leñadores**.

Algunas **setas** se pueden comer: decimos que son **comestibles**. Otras son peligrosas para la salud: decimos que son **venenosas**. Nunca debes tocar o coger una seta que no conozcas.

El **rebozuelo**

La **calabaza**

El **mízcalo**

El **boleto**

La **colmenilla**

¡**Atención**! La amanita es una **seta mortal**.

En el bosque viven muchos **pájaros**. Se los oye cantar. A veces, se los ve volando.

En otoño, los **nidos** de los pájaros están vacíos. Sus crías, que nacieron en primavera, ya han emprendido el vuelo.

La **ardilla** recoge provisiones de nueces y bellotas para pasar el invierno.

En el **claro del bosque** hay un poco más de luz; los árboles no están tan cerca los unos de los otros.

Los **jabalíes** y los **ciervos** se esconden en el interior del bosque. Tienen miedo de los cazadores.

Las **bellotas** son el fruto del roble.

Los **erizos** tienen el cuerpo cubierto de púas. Cuando tienen miedo, se transforman en una bola para protegerse.

### Los amigos del bosque

El **leñador** es el encargado de talar los árboles enfermos o muertos.

El **guardabosques** o **guarda forestal** se cuida del estado del bosque. Él decide si hay que talar o plantar árboles.

El **guarda de caza** vigila a los cazadores y vela para que se respete el código de caza.

# La montaña en verano

En verano, después de que la nieve se haya fundido, la montaña vuelve a la vida. Los animales salen de su refugio para comer plantas y bayas.

El **ala delta** permite planear por los aires. A diferencia de un avión, no lleva motor. Las corrientes de aire le permiten desplazarse y tomar una dirección determinada.

Los **excursionistas** hacen largos recorridos a pie.

Las **vacas** pasan el verano paciendo en la montaña.

Las personas que practican el montañismo como deporte y escalan montañas se llaman **alpinistas**.

En la cima de las montañas más altas, la nieve no se funde nunca: son las **nieves perpetuas**.

Sentadas al lado de su madriguera, las **marmotas** toman el sol mientras observan todo lo que pasa a su alrededor.

Los **rebecos** tienen unas pezuñas que les permiten escalar las rocas.

En lo más alto de las montañas sólo crecen arbustos. Más abajo, encontramos **coníferas**, abetos o pinos.

En la parte baja de las montañas, hay bosques con árboles que pierden sus hojas en invierno como los **robles** y las **hayas**.

### El pasto de verano

Las vacas pasan todo el invierno en la granja, en el valle. Cuando llega el buen tiempo, las sacan de sus establos para llevarlas hasta los **pastos de verano**. En otoño, antes de que la nieve empiece a caer de nuevo, las vacas realizan el viaje en sentido contrario para volver a ponerse a cubierto en un sitio cálido.

## La montaña en invierno

**En invierno, las montañas están cubiertas por un espeso manto blanco. No hay ni el más mínimo brote de hierba, las ramas ceden bajo el peso de la nieve y los animales se acurrucan bajo las rocas. Los esquiadores invaden la montaña.**

Para acceder a la cima de las pistas más altas, los esquiadores toman el **telecabina**.

En invierno, las marmotas **hibernan**: caen en un sueño profundo que dura varios meses.

Para llegar a algunas pistas, los esquiadores se dejan arrastrar por el **telesquí**.

**Peligro de alud**

Un alud es una gran masa de nieve que se desprende de una montaña y arrastra todo lo que encuentra a su paso. Los esquiadores deben tener cuidado con los aludes.

Cada vez hay más esquiadores que practican el **snowboard**. Llevan los dos pies sujetos a un único esquí.

Los niños deben llevar **casco** para protegerse la cabeza en caso de caída.

87

# Un día de 24 horas

En cada momento del día, hay alguna cosa que hacer: levantarse, comer, lavarse, trabajar, jugar, dormir...

Son las 7, hora de despertarse.

El día empieza con un buen desayuno.

Antes de salir de casa, hay que vestirse.

A las 9 suena el timbre; es hora de entrar en clase.

Durante la mañana, los niños trabajan en la escuela.

Al mediodía, muchos se quedan a comer en la escuela.

Por la tarde, continúa la actividad escolar.

**7 días, una semana**

Son las 5 de la tarde, la escuela ha terminado.

Ha llegado el momento de la merienda.

Al atardecer, llega la hora del baño.

Empieza a anochecer, es el momento de cenar.

Siempre es agradable escuchar un cuento antes de dormirse.

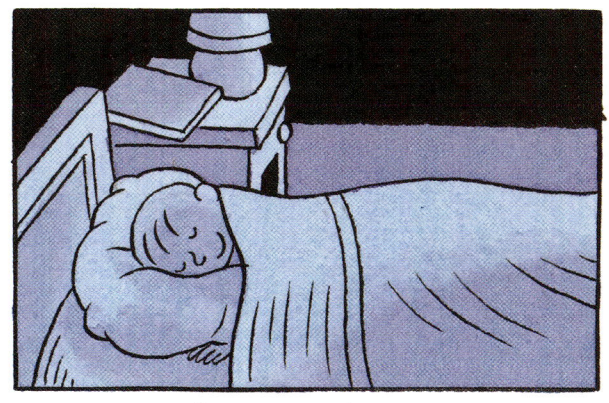

Buenas noches y... ¡Felices sueños!

# Los doce meses del año

### otoño

**Setiembre**
Las vacaciones se acaban. Volvemos a la escuela.

**Octubre**
El otoño ha llegado. Los árboles pierden sus hojas.

**Noviembre**
El invierno se acerca. Los días son más cortos.

### invierno

**Diciembre**
Pronto llegará la Navidad, el árbol y los regalos.

**Enero**
El 1 de enero empieza un nuevo año.

**Febrero**
Hace frío. Las montañas se llenan de esquiadores.

**primavera**

**Marzo**
Llega el buen tiempo.
Es primavera.

**Abril**
Después de la Pascua,
las clases continúan…

**Mayo**
En mayo celebramos el día
de la madre.

**verano**

**Junio**
La fruta de verano llega a
los mercados.

**Julio**
La escuela ha acabado.
Empiezan las vacaciones.

**Agosto**
¡Qué divertido jugar
con las olas!

## Las cuatro estaciones

En Europa, el año está dividido en cuatro estaciones que duran cada una tres meses. En cada estación, el clima cambia. Los cambios de temperatura que hay en cada estación influyen en la vida de las plantas y de los animales.

En **otoño**, la temperatura refresca y los días se hacen más cortos. Las hojas de los árboles se vuelven amarillas. Cuando sopla el viento, caen dando vueltas. Algunos pájaros emprenden el vuelo hacia países más cálidos.

El **invierno** es la estación más fría del año. Anochece muy temprano y por la mañana, cuando nos despertamos, todavía está oscuro. Los árboles ya no tienen hojas y a veces nieva. Hay que abrigarse bien para salir a la calle.

En **primavera** empieza a hacer un poco más de calor. Aparecen las primeras hojas y brotan las flores. Hay menos horas de oscuridad.

El **verano** es la estación más calurosa del año. El sol brilla en lo alto del cielo. Los árboles están cubiertos de fruta madura.

**Navidad en verano**

En el otro lado del mundo, en Australia, por ejemplo, las estaciones van al revés que las nuestras. El verano empieza el 21 de diciembre. El día de Navidad, el 25 de diciembre, hace mucho calor. Los australianos pueden celebrar la Navidad en manga corta al aire libre.

**En busca del calor**

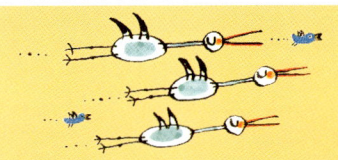

En otoño, muchas aves (las cigüeñas, las ocas salvajes, etc.) vuelan hacia los países cálidos, en los que pasan el invierno. A estas aves que realizan cada año estos largos viajes las llamamos **aves migratorias**. Regresan en primavera, cuando empieza a hacer menos frío.

# ¿Qué tiempo hace?

**El aire que rodea la Tierra está en continuo movimiento. Sube y baja, se calienta y se enfría, se carga de agua o se seca según los lugares que cruce. Todos estos movimientos del aire son los que provocan la lluvia o el buen tiempo.**

El cielo está tapado por enormes nubes grises. La lluvia cae sin cesa

La nieve cubre los campos. El cielo está azul, pero hace mucho frío.

El sol brilla en el cielo. Hace calor, la luz es deslumbrante. Hay que protegerse los ojos

¡No hay que olvidar el paraguas al salir de casa!

Es un tiempo ideal para jugar con la nieve.

con gafas de sol y no olvidarse de beber mucha agua.

## La predicción del tiempo

Todos los días del año, a través de la televisión, la radio y los periódicos, podrás saber qué tiempo hará al día siguiente.
Sabrás si el tiempo será

**soleado**

**tormentoso**

**ventoso**

**lluvioso**

o si **nevará**.

La persona que estudia el tiempo se llama **meteorólogo**.

## Nubes y lluvia

Las nubes están formadas por millones de gotitas de agua o partículas de hielo suspendidas en el aire. Cuando estas gotitas se juntan, empiezan a pesar demasiado para sostenerse en el aire. Entonces caen, y ¡empieza a llover!

El **agua** de los mares, los ríos y las plantas se **evapora** con el calor del sol. Este **vapor** de agua sube hasta el cielo y forma las **nubes**. Cuando las gotitas de agua de estas nubes empiezan a pesar demasiado, vuelven a caer en forma de **lluvia**.

Las nubes no tienen todas la misma forma. Los **cumulonimbos** son las más grandes. Provocan lluvias violentas y granizo. Los **estratos** son nubes bajas en el cielo. Forman una especie de cortina gris. Los **cirros** son las nubes más altas en el cielo. Forman estelas blancas.

Algunas nubes grandes están cargadas de electricidad. A veces, estalla una violenta descarga eléctrica; es un **rayo**. Éste va acompañado de **relámpagos** y **truenos**.

Cuando hace mucho frío, las gotas de agua de las nubes se congelan y se transforman en pequeños trozos de hielo. Al caer, estos pequeños trozos se juntan y forman **copos de nieve**.

### Los nombres de la lluvia

Existen distintas palabras para designar la lluvia, según se trate de una lluvia fina o de una lluvia intensa. La **llovizna** es una lluvia de gotitas muy finas; un **chaparrón** ocurre cuando empieza a llover fuerte de forma repentina; un **aguacero** es una lluvia muy intensa de corta duración.

### El arco iris

La luz del sol, al pasar a través de las gotas de lluvia, forma el **arco iris**. Está compuesto por siete colores: violeta, añil, azul, verde, amarillo, naranja y rojo.

Lo vemos cuando el sol está detrás de nosotros y la lluvia delante.

## Previsión de temporal

El aire que se desplaza alrededor de la Tierra provoca viento. El viento puede soplar con mayor o menor intensidad. Y no siempre sopla en la misma dirección.

### El viento suave

Cuando sopla sin mucha intensidad, el **viento suave** permite jugar con las cometas.

### El temporal

A veces, en el mar se desata un fuerte viento. Entonces agita las olas y provoca un **temporal**.

## El ciclón

Por encima de los **mares cálidos**, el viento puede soplar con una gran violencia. Cuando un **ciclón** llega a las costas, destruye todo lo que encuentra a su paso.

## El tornado

El **tornado** es un torbellino de viento muy violento que nace **en tierra**. Se desplaza a gran velocidad y lo arrasa todo.

### Vocabulario

Una **ráfaga** es un golpe de viento corto y violento.

Una **borrasca** es una gran ráfaga, a menudo acompañada de lluvia.

Un **torbellino** es el viento que sopla girando sobre sí mismo, como una peonza.

# Los dinosaurios

Hace mucho, mucho tiempo, mucho antes de que el hombre apareciera sobre la Tierra, había unos animales extraordinarios: los dinosaurios. Vivieron durante 140 millones de años. Después se extinguieron.

El *velociraptor* era un cazador temible y muy rápido.

El *stegosaurus* tenía unos pinchos enormes en la espalda... y una cabeza diminuta.

El *tyrannosaurus* era uno de los dinosaurios más temibles. Era carnívoro, y atacaba a los demás dinosaurios para comérselos. Sus dientes podían medir hasta 20 cm de longitud. Sus patas delanteras eran pequeñas y acababan en dos dedos con forma de gancho.

Los dinosaurios eran **reptiles**. Tenían la piel recubierta de escamas y ponían huevos. Podían ser tanto **carnívoros** como **herbívoros**.

Algunos dinosaurios podían volar, como por ejemplo el *pterosaurus*, el primer reptil volador. Se alimentaba de peces que atrapaba sobrevolando el agua.

El *diplodocus* era uno de los dinosaurios más grandes. Medía 30 m de longitud. Era tan largo como tres autobuses colocados uno detrás de otro. Su **cuello** también era muy largo. Sólo comía plantas.

## Pequeños y grandes

Había dinosaurios de todos los tamaños.

echinodon 60 cm

stegoceras 2 m

torosaurus 7,5 m

tarbosaurus 14 m

El dinosaurio más grande era el *seismosaurus*, «el que hace temblar la tierra». Era tan grande como 18 elefantes.

El *triceratops* tenía tres potentes cuernos y un collarín alrededor del cuello. También comía hierba.

# En busca de dinosaurios

**Se han encontrado restos de más de 500 especies de dinosaurios. Y esta cifra sigue aumentando. Cada año los científicos descubren nuevos dinosaurios.**

Un **paleontólogo** es un especialista que busca y estudia restos de dinosaurios: los **fósiles**. Para ello, limpia los huesos e intenta unirlos, como si hiciera un puzzle gigante.

Nadie ha visto nunca un dinosaurio vivo. Aun así, sabemos qué aspecto tenían, cómo vivían o qué comían gracias al estudio de las huellas, de los huesos y de los dientes que dejaron y que se han encontrado.

Se han descubierto **huevos** y **nidos** de dinosaurios. Algunos de los huevos encontrados todavía contenían el esqueleto de las crías de dinosaurios.

### Lagartos terribles

La palabra **dinosaurio** viene del latín y significa «lagarto terrible». En efecto, los dinosaurios pertenecen a la familia de los reptiles, como las serpientes y los cocodrilos. Al igual que ellos, ponían huevos.

En el **museo** podemos ver reconstrucciones de los esqueletos de algunos dinosaurios.

# Los mamíferos prehistóricos

**Tras la desaparición de los dinosaurios, los mamíferos poblaron la Tierra.**

En tiempos de los dinosaurios, los mamíferos no eran más grandes que un ratón. Cuando los dinosaurios desaparecieron, los mamíferos pudieron pasar a ser cada vez más grandes y más numerosos. Diviértete descubriendo los antepasados de los animales que ya conoces.

1. El *indricotherium* era un rinoceronte gigante sin cuerno. Es el mamífero terrestre más grande que ha existido nunca. 2. El *siamopiteco* fue el primer simio. 3. El *arsinoitherium* y el *brontotherium* tenían cuernos sobre la nariz. El *brontotherium* es de la familia del rinoceronte. 4. El *entelodon* era un jabalí gigante. 5. El *hyaenodon* se parecía a una hiena. 6. El *megatherium* era un perezoso gigante. Vivía en el suelo. El actual perezoso vive en los árboles. 7. El **mastodonte** era una especie de elefante gigantesco. 8. El **lobo**, 9. la **liebre** y 10. el **tapir** eran mucho más grandes que los actuales.

1. El *mesopiteco* vivía en los árboles.
2. El *smilodon*, el tigre con dientes de sable, es el antepasado del tigre. Clavaba sus enormes caninos en el cuello de sus víctimas. 3. El *merychippus* era mucho más pequeño que el caballo actual. 4. El *gomphotherium* tenía cuatro colmillos, dos en cada mandíbula.

Estos animales vivieron en tiempos de los hombres prehistóricos. 1. Los **renos** eran muy numerosos. 2. El **mamut** tenía unos enormes colmillos curvados que podían alcanzar los 5 metros. 3. El **uro** era un gran buey salvaje.

# Los animales domésticos

**Algunos animales han sido domesticados para vivir en compañía de las personas.**

Los **perros** son **cánidos**, como el zorro y el lobo. Hay más de 300 razas de perros. Los perros tienen el **olfato** muy desarrollado: tienen una nariz muy sensible que les permite oler las cosas desde muy lejos y seguir su rastro.

el dogo

el galgo

el perro pastor

el teckel

Los perros y los gatos no son los únicos **animales de compañía**. En una casa también se pueden tener:

hámsters

un cobaya

ratones blancos

Los **gatos** son **felinos**, como los tigres y los leones, pero son mucho más pequeños y bastante más cariñosos. Existen muchas razas de gatos domésticos.
Los gatos tienen una **vista** muy aguda que les permite pasear de noche sin tropezar.

el gato siamés

el gato común

el gato tibetano

el gato persa

una tortuga

un conejo

un pájaro

### El veterinario
El veterinario es un médico especializado en curar a los animales. Les pone vacunas y los opera cuando están enfermos.

### Compañías curiosas
Algunas personas tienen **cocodrilos** o **serpientes** en su casa. Estos animales seguramente son más felices en plena naturaleza que en una casa. ¿No crees?

# Los animales de la granja

**En una granja, viven muchos animales: vacas, corderos, caballos, cerdos, cabras y otros animales domésticos.**

❶ La **cerda**, seguida por los **lechones**, sale de la **pocilga**. La granjera les lleva el **pienso**.

❷ La **yegua** espera en el **establo** a que la granjera le cambie la paja y le lleve un cubo de avena.

❸ El granjero cría **cabras** por su leche, con la que fabrica queso.

108

**4** El **carnero** conduce al rebaño de **ovejas** hacia el **redil**. El **perro** vigila que ningún animal se aleje del **rebaño**.

**5** El granjero acaba de **ordeñar** las **vacas**. Lleva bidones llenos de leche.

## Derivados de la leche

Cada día, el granjero o la granjera ordeña las vacas. La leche que obtienen la venden a la lechería. Allí es tratada para eliminar los microbios. Sirve también para elaborar los productos lácteos: queso, mantequilla, yogur, nata, etc.

## ¿Lo sabes?

¿Cómo llamamos a las crías de
1 - la vaca?
2 - la yegua?
3 - la oveja?
4 - la cerda?

Respuestas: 1 - terneros 2 - potros 3 - corderos 4 - lechones

# Los animales de corral

**En una granja también viven animales de corral como los gallos, las gallinas, los pavos, los patos y los conejos.**

Algunos animales de corral viven en **libertad** en el patio de la granja; otros viven en **jaulas** para que no se escapen y no sean cazados por un zorro.

Los **conejos** viven en las **conejeras**. El granjero los alimenta con hojas de lechuga, zanahorias y otras hortalizas.

Las **ocas** y los **patos** tienen las patas **palmeadas**. Decimos que la oca y el pato **graznan**.

Llamamos **aves de corral** al conjunto de aves que viven en él: gallinas, gallos, pavos, patos, ocas, etc.

Las **gallinas** ponedoras han ocupado sus puestos en el **gallinero**.

Las gallinas y sus polluelos **picotean**.

El **pavo** destaca por su buche rojo. Decimos que el pavo **gluglutea**.

El **pato**, la **pata** y sus **patitos** chapotean en el estanque.

### ¿Lo sabes?

¿Quién es la mamá de
1 - los polluelos?
2 - los patitos?
3 - los ansarinos?
4 - los gazapos?
5 - los pavipollos?

Búscalos en el dibujo.

**Respuestas:** 1- la gallina 2- la pata 3- la oca 4- la coneja 5- la pava

# Los animales del campo

Hay muchos animales salvajes que viven en los campos y los prados. Algunos no son muy apreciados porque destruyen los cultivos y las plantaciones cavando galerías subterráneas o comiéndose las plantas.

❶ La **musaraña** tiene una nariz puntiaguda y una cola tan larga como su cuerpo. Se alimenta de insectos, lombrices y saltamontes.

❷ El **ratón de monte** vive en grupo y sabe nadar. Tiene mucho apetito y devora todo lo que encuentra.

❸ La **perdiz** vive escondida entre el maíz. Se alimenta de semillas e insectos. Vuela veloz a ras de los campos.

❹ El **erizo** pasa el invierno escondido. En primavera se despierta para ir a la caza de caracoles, insectos y babosas. Cuando está asustado, se transforma en una bola y queda protegido por su armadura de púas.

❺ El **topo** cava galerías debajo del suelo a toda velocidad gracias a sus grandes patas delanteras en forma de pala.

**6** En primavera, la **golondrina** construye su nido en un granero o bajo el tejado de una casa. Cuando va a llover, vuela cerca del suelo emitiendo unos gritos agudos.

**7** El **zorzal** pertenece a la misma familia que el mirlo y el petirrojo. Al igual que ellos, es un pájaro que canta muy bien.

**8** La **liebre** es parecida al conejo pero tiene las orejas más largas y corre más rápido que él. No vive en una madriguera, sino en un hoyo que cava en la tierra, lo suficientemente grande como para poderse estirar.

**9** El **mirlo** es un pájaro muy fiel: el macho y la hembra no se separan nunca.

# Los insectos

**Existe más de un millón de especies de insectos. Son, con diferencia, los animales más numerosos del planeta. Los encontramos en todos los continentes, pero casi no hay ninguno en el mar.**

Los **insectos** tienen seis patas y el cuerpo dividido en tres partes: la cabeza, el tórax y el abdomen. Hay insectos con alas e insectos sin alas. Los animales que tienen ocho patas (como las arañas) o más (¡como el ciempiés!) no son insectos.

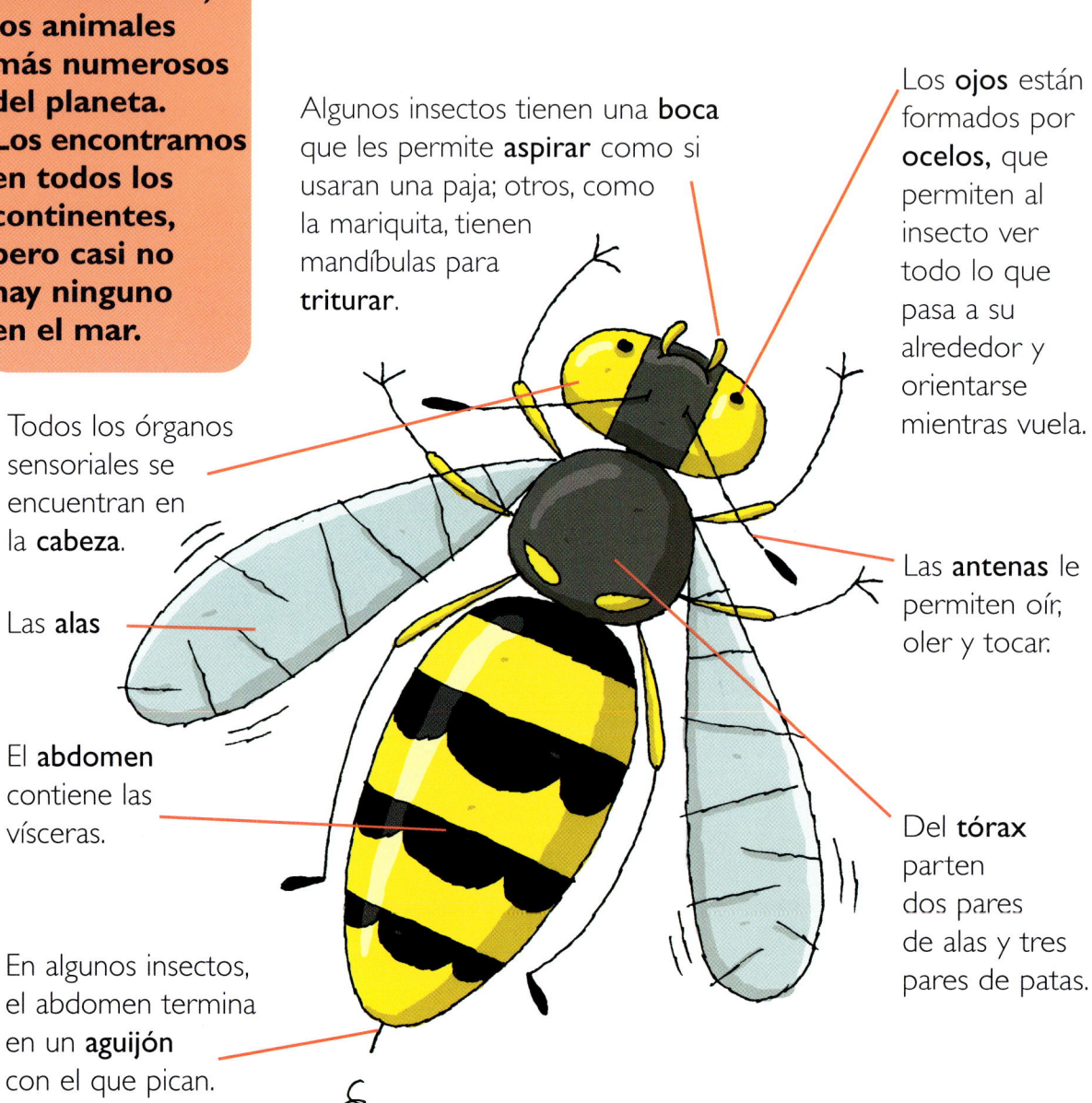

Algunos insectos tienen una **boca** que les permite **aspirar** como si usaran una paja; otros, como la mariquita, tienen mandíbulas para **triturar**.

Los **ojos** están formados por **ocelos**, que permiten al insecto ver todo lo que pasa a su alrededor y orientarse mientras vuela.

Todos los órganos sensoriales se encuentran en la **cabeza**.

Las **alas**

Las **antenas** le permiten oír, oler y tocar.

El **abdomen** contiene las vísceras.

Del **tórax** parten dos pares de alas y tres pares de patas.

En algunos insectos, el abdomen termina en un **aguijón** con el que pican.

Los **abejorros** son insectos de cuerpo peludo, casi siempre negros y amarillos. Sus alas producen un fuerte zumbido al volar.

Las **moscas** pueden caminar cabeza abajo. En las patas delanteras llevan una almohadilla que fabrica una especie de cola.

Cuando la **avispa** ataca, pica con su aguijón puntiagudo.

El **escarabajo pelotero** hace una bola que se comerá cuando ésta sea bien grande.

La hembra del **mosquito** es la que pica. El macho se alimenta del néctar de las flores.

La **mariquita** tiene dos alas duras de alegres colores que cubren unas alas más finas que le sirven para volar.

# La vida de los insectos

Algunas especies de insectos viven es sociedades muy organizadas. Cada uno ocupa su lugar y debe realizar un trabajo concreto. Es el caso de las abejas y las hormigas, por ejemplo.

Las **abejas** viven en **enjambres**. Cada enjambre tiene su **reina**, de mayor tamaño que las demás. La reina es la encargada de poner los huevos. Las **obreras** recogen el polen y fabrican la miel. Los **zánganos** no viven en el enjambre todo el año y no trabajan. Su única función es la de fecundar a la reina.

Las obreras fabrican miel con el **polen** de las flores.

Las obreras cuidan a la **reina**.

Las obreras construyen y reparan las **celdas**.

Las celdas están hechas de láminas de **cera**.

Las obreras se ocupan de las **larvas**.

La mariposa pone sus **huevos** sobre una hoja. De cada huevo sale una **oruga** bebé (una **larva**). La larva se alimenta comiéndose la hoja sobre la que ha nacido.
La oruga se transforma en un envoltorio duro: la **crisálida**. En el interior de ésta, su cuerpo cambia. Cuando la mariposa se ha formado, ya puede salir de la crisálida.

Las **hormigas**, como las abejas, están organizadas en sociedad. En el hormiguero viven tres tipos de hormigas. La **reina** pone huevos, los **machos** fecundan a la reina y las **obreras** transportan los alimentos o se ocupan de la reina y de las larvas.

La **araña** teje su tela con unos hilos húmedos que salen de su vientre. Su **tela** es a la vez su casa y su despensa. Cuando un insecto cae en la tela, se queda pegado a ella. Entonces, la araña se precipita para rodearlo con hilo... ¡y comérselo! ¡Pero, atención! No olvides que la araña no es un insecto.

# Los animales de la ciudad

**En las ciudades viven también muchos animales, principalmente pájaros, como las palomas o los gorriones, pero también ratas, ratones y algunos insectos.**

Una gran cantidad de pájaros, como las **palomas** o los **gorriones**, invaden las ciudades, donde encuentran alimento. En algunos países, como Canadá, es habitual encontrar **ardillas** en los parques.

Diviértete buscando todos los animales que conoces.

118

Las **ratas** y los **ratones** también viven en las ciudades. ¡Dicen que en algunas ciudades hay más ratas y ratones que personas!

También encontramos gran multitud de **insectos**, como por ejemplo mariquitas, hormigas, cucarachas y pulgones. A veces es necesario eliminarlos.

### Los ácaros

En las alfombras, las cortinas y los colchones de las casas viven unos animales minúsculos. Son los **ácaros**. Son tan pequeños que hace falta un potente microscopio para verlos.

Algunas personas alimentan a los pájaros con migas de pan o de galleta. Esto les permite subsistir y reproducirse.

# Los animales del bosque

Entre la maleza y en los árboles de los bosques viven todo tipo de animales. Es muy difícil observarlos, ya que son muy asustadizos y se esconden cuando oyen algún ruido. Pero podemos verlos si no hacemos ruido para no asustarlos.

❶ El **búho** duerme durante el día en un hueco del tronco de un árbol. Por la noche se despierta para ir de caza.

❷ El **cuclillo** nunca construye un nido. Prefiere poner sus huevos en el nido de otros pájaros. Cuando la cría del cuclillo sale del huevo, lo alimentan unos padres que no son los suyos.

❸ El **pájaro carpintero** golpea durante horas el tronco de los árboles con el pico. Al final, acaba haciendo un pequeño agujero en la corteza y se alimenta de las larvas que viven en él.

120

**5** El **ciervo** es también conocido como «el rey del bosque». La hembra, que a diferencia del macho no tiene cuernos en la cabeza, se llama **cierva** y sus crías, **cervatos**.

**6** La **ardilla** es una auténtica acróbata: gracias a su larga cola, salta por los árboles sin caerse.

**7** El **caracol** no tiene patas. Camina arrastrándose sobre su gran «pie» musculado.

**8** El **zorro** es muy astuto. Nunca cava su propia madriguera. ¡Se instala en una guarida cavada por otro animal!

**9** La **babosa** tiene el cuerpo blando y alargado. Parece un caracol sin concha. Se arrastra dejando tras de sí una sustancia pegajosa.

**10** El **erizo** se alimenta de insectos.

**11** El **tejón** sale de su madriguera cuando cae la noche para ir en busca de comida: lombrices, caracoles, etc.

**4** El **jabalí** es un gran cerdo salvaje. La hembra se llama **jabalina**, y puede dar a luz a más de diez **jabatos** en un solo parto.

# Los animales de los lagos y los ríos

Los lagos y los ríos están rebosantes de vida: en las orillas, oculta en la vegetación, encima y debajo del agua. Todo un mundo de animales que se transforma con el paso de los meses y las horas.

**1** Los **patos salvajes** pasean por los estanques al caer la noche.

**2** El **cisne** es un ave muy pesada a la que le cuesta mucho volar.

**3** La **polla de agua** tiene unos dedos muy largos al final de las patas para no hundirse en el fango.

**4** El **martín pescador** se zambulle en el agua para atrapar a los peces.

**5** Apoyándose sobre una pata, la **garza** acecha a su presa.

**6** La **libélula** vuela a ras del agua para capturar insectos.

**7** El **mosquito** hembra pone sus huevos en el agua.

**8** Los **sapos** y las **ranas** atrapan de un lengüetazo los insectos que pasan por delante.

**9** La **nutria** se alimenta de peces y ranas sumergiéndose en el agua.

❶ El **salmón** nace en un río, pero pasa el resto de su vida en el mar. Para poner sus huevos, antes de morir, siempre regresa al río en el que nació. Sube por éste a contracorriente, dando unos grandes saltos fuera del agua. Es un viaje muy cansado que dura varios meses.

❷ La **anguila** tiene el cuerpo alargado y una piel viscosa. Nace muy lejos, en el océano Atlántico. Después recorre miles de kilómetros nadando para ir a vivir a algún río. Es una gran viajera.

❸ La **trucha** sólo puede vivir en aguas ricas en oxígeno, por ejemplo en los torrentes de montaña.

❹ El **oso** se alimenta básicamente de frutos y bayas. También come peces que atrapa de un zarpazo. Es un animal omnívoro.

Para proteger su madriguera de la corriente de agua, el **castor** construye presas en el curso del agua con ramas y barro.

# Los animales de la sabana africana

**En las regiones muy secas de África, existen grandes extensiones de hierba con pocos árboles: es la sabana. En la sabana viven multitud de animales herbívoros y algunos grandes carnívoros.**

Los **buitres** son unas aves rapaces muy útiles para la sabana, puesto que se comen los cadáveres de los animales: la carroña. Decimos que son animales **carroñeros**.

Las **gacelas** son muy rápidas. Sólo el guepardo corre más rápido que ellas. Se alimentan de hierba.

El **guepardo** es el animal más rápido de la sabana. Puede correr a 110 km/h para atrapar a su presa.

El **león** es carnívoro. Puede comer 35 kilos de carne de una sola vez. Pero no come todos los días. Pasa mucho tiempo durmiendo. La hembra del león es la leona, y no tiene melena. La leona es quien caza. Después, la presa se reparte entre el león, las demás leonas y las crías, los **cachorros**.

El **jabalí** salvaje se alimenta de vegetales.

El **avestruz** es el ave más grande del mundo. Sin embargo, no puede volar, ya que sus alas son demasiado pequeñas. Huye corriendo.

124

La **hiena** tiene las patas traseras más cortas que las delanteras. Se alimenta de la carne de animales muertos. Cuando grita parece que se esté riendo.

El **baobab** es conocido como «el árbol botella». Cuando llueve, su tronco se llena de agua. Le sirve de reserva durante la estación seca.

La **cebras** son herbívoras. Viven en manadas. Esto les permite escapar más fácilmente de las garras de los guepardos y las leonas.

Los **ñus** viven en inmensas manadas que se desplazan en busca de hierba fresca.

El **rinoceronte** tiene dos cuernos muy duros, compuestos de pelo. Siempre que puede, se arrastra por el fango para refrescarse y deshacerse de los insectos que le pican.

# Los animales de la sabana africana

**Tras meses de sequía, la lluvia cae de nuevo. La hierba empieza a brotar. Se forman charcas y estanques. Los animales se agrupan alrededor de estas zonas para por fin beber.**

El **elefante** es el animal terrestre más grande. Puede pesar más de 6 toneladas (como unos 8 coches). Todos los días consume 200 kilos de alimento: hierba, hojas y fruta.

Con su **trompa**, el elefante se rocía con agua para refrescarse. La trompa también le sirve para beber y para coger la comida. Los colmillos le sirven para defenderse.

Los **flamencos rosas** viven en colonias en los grandes lagos de África.

El **cocodrilo** es un gran reptil que pone sus huevos en grandes nidos de tierra que construye a orillas del agua.

La **jirafa** es tan alta que tiene que inclinarse hacia adelante, doblando las patas delanteras, para poder beber en una charca. Se alimenta de las hojas de los árboles.

### Velocidad de carrera

| | |
|---|---|
| Guepardo | +100 km/h |
| Gacela | 80 km/h |
| Avestruz | 64 km/h |
| Cebra | 64 km/h |
| León | 58 km/h |
| Jirafa | 51 km/h |
| Elefante | 40 km/h |
| Hombre | 32 km/h |

### ¿Quién come qué?

Un **carnívoro** es un animal que se alimenta de carne.
Un **herbívoro** es un animal que se alimenta únicamente de hierbas y plantas.
Un **omnívoro** come de todo.

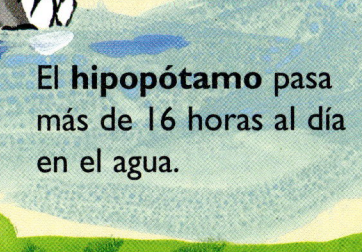

El **hipopótamo** pasa más de 16 horas al día en el agua.

# Los animales de la selva tropical

**La mayor parte de los animales del planeta viven en la selva tropical. El clima de las selvas tropicales es cálido y húmedo.**

Las selvas tropicales crecen en las regiones cálidas donde llueve mucho. Descubre los animales que viven en ellas.

🟡 **En África:** 1. la pitón 2. el chimpancé 3. el loro 4. el okapi 5. el camaleón 6. el pangolín 7. el leopardo 8. la acatina.

🟠 **En Asia:** 1. el elefante 2. el gibón 3. el tigre 4. el pavo azul 5. el tapir 6. el cocodrilo.

🟢 **En América del Sur:** 1. el tucán 2. el perezoso 3. el mono araña 4. el murciélago 5. la boa 6. el calitrix 7. el tapir 8. el armadillo 9. el jaguar 10. el coatí.

129

# Los animales de las zonas polares

**Los animales que viven en las zonas heladas pueden resistir el frío gracias a su pelaje o a que tienen una espesa capa de grasa.**

El **oso polar**, el oso blanco, es el mayor carnívoro de la Tierra. Gracias a su espeso pelaje, puede nadar en el agua sin tener frío. Se alimenta de focas.

El **elefante marino** es una foca de gran tamaño. Puede medir 6 metros de longitud y pesar 3 toneladas. La nariz de los machos tiene forma de trompa. De ahí viene su nombre.

La **foca** es buena nadadora, pero sobre el hielo se desplaza deslizándose torpemente.

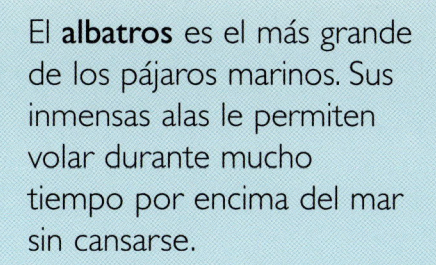

El **albatros** es el más grande de los pájaros marinos. Sus inmensas alas le permiten volar durante mucho tiempo por encima del mar sin cansarse.

La **morsa** es una gran foca. Tiene dos grandes colmillos de marfil que utiliza para salir del agua clavándolos en el hielo.

**Encontrad al intruso**
¡Atención! No todos los animales representados en este dibujo viven juntos.
La mayoría vive en el Ártico, cerca del polo Norte. Sólo el **pájaro bobo** vive en la Antártida, cerca del polo Sur. Es un ave que nada como un pez y camina, pero no sabe volar.

El **zorro polar** es gris azulado en verano y blanco como la nieve en invierno. Cuando empieza a hacer frío, su pelaje se hace más espeso.

# Los mamíferos marinos

**Las ballenas, los delfines o las orcas no son peces. Son mamíferos marinos: las crías se desarrollan en el vientre de la madre y se alimentan de su leche.**

El **dugón** es el único mamífero marino que se alimenta exclusivamente de plantas. También se le llama «vaca marina». Se cree que el dugón inspiró la leyenda de las sirenas. Su cabeza parece la de un hombre o una mujer... ¡Aunque no muy guapos!

La **orca** es un temible cazador de leones marinos, focas y peces. Caza en grupo e incluso puede llegar a atacar a ballenas mucho más grandes que ella.

A diferencia de la foca, el **león marino** tiene orejas visibles. También tiene unas aletas más grandes. Puede vivir en el agua o en tierra.

La ballena más grande del mundo es la **ballena azul**. Puede medir 30 metros de longitud y pesar 135 toneladas (como 25 elefantes). No tiene dientes, sino **barbas**, unas láminas córneas que le permiten filtrar el agua para comer.

El **cachalote** es una ballena con dientes, aunque sólo tiene en la mandíbula inferior. Es el mejor buceador del mundo: puede bajar a 1000 metros de profundidad.

### El plancton
El plancton es el alimento preferido de muchos mamíferos marinos. Está formado por **algas**, **larvas**, **crustáceos**, **gusanos** y **medusas** tan pequeños que no es posible verlos a simple vista. Se necesita un microscopio para observarlos. Un cubo de agua de mar contiene millones de organismos que constituyen el plancton.

La **marsopa** y el **delfín** se desplazan agitando la cola de arriba abajo. Pueden saltar hasta más de 10 metros de altura y suelen hacerlo por diversión.

# Los animales del mar

**En todos los mares del mundo viven peces y muchos otros animales. Unos viven bajo la superficie del agua, otros, en las zonas más profundas.**

Existen más de 250 especies de **tiburones**. El más grande es el **tiburón ballena** ❶. El **tiburón blanco** ❷ es conocido como «el devorador de hombres».

❸ El **atún** es un pez grande que puede llegar a medir 3 metros de longitud. Es un excelente nadador.

❹ El **lenguado** es un pez plano que avanza recostado. Vive en los fondos arenosos y fangosos.

❺ El **pez sierra** debe su nombre a su largo **rostro** en forma de sierra. Vive en las aguas cálidas.

Los **tiburones** tienen varias hileras de dientes muy puntiagudos. Cuando pierden uno, otro crece inmediatamente.

**7** Las **medusas** viven en la superficie del agua. Se desplazan abriendo y cerrando su corola como si fuera un paraguas.

**8** La **raya** es un pez plano con enormes aletas. Vive en el fondo de los mares, medio hundida en la arena.

**9** El **calamar**, la **sepia** y el **pulpo** son **moluscos**; su cuerpo es blando, no tienen esqueleto.

**10** El **caballito de mar** es un curioso pececito. Es el único pez que nada de pie. Se desplaza lentamente.

**6** El **pez espada** es un pez muy grande que vive en los mares cálidos. Debe su nombre a su rostro puntiagudo.

### El cuerpo del pez

Todos los peces viven dentro del agua, en el mar, en los lagos o en los ríos. Para respirar, se sirven de las branquias. No tienen patas, sino aletas, formadas por pequeños huesos que les permiten desplazarse.

**Las branquias sirven para respirar.**

**El cuerpo está recubierto de escamas.**

**La aleta dorsal es la aleta del lomo.**

**La cola es una aleta.**

135

# Los animales de la costa

**Muchos animales viven junto a las costas. Justo debajo del agua, en la playa o en las rocas convive todo un mundo de aves, moluscos y crustáceos que encuentran en la orilla del mar su alimento.**

Las **gaviotas** tienen las alas largas para planear por encima del mar y las patas palmeadas para no hundirse en la arena.

Los **cangrejos** son crustáceos que se desplazan sobre sus diez patas, con las pinzas al aire, y andando de lado.

Los **erizos** están recubiertos de largas púas con las que se sujetan y se desplazan lentamente por las rocas.

Los **mejillones** se fijan a las rocas con unos filamentos que salen de su concha y que parecen pelos.

El **cormorán** es un gran viajero que puede volar a lo largo de varios kilómetros. También es un excelente buceador que puede atrapar peces hasta 10 metros de profundidad.

El **bogavante** se sirve de sus enormes pinzas para partir la concha de sus presas.

La **ostra** cambia de sexo a lo largo de su vida. Al nacer, es un macho. Cuando crece, se convierte en una hembra.

Las **gambas** tienen unas antenas muy largas. Son grandes nadadoras.

Las **lapas** y los **bálanos** se sujetan a las rocas gracias a un pie ventosa que les ayuda a resistir la fuerza de las olas.

# Los increíbles animales de Australia

Australia es un inmenso continente rodeado de mar por todos los lados, ¡una isla gigante! Allí viven algunos animales que es imposible encontrar en ningún otro lugar del mundo.

Australia

El **canguro** vive en las llanuras del centro de Australia. Puede dar saltos gigantescos sobre las patas traseras y avanza a gran velocidad. Las hembras tienen una bolsa en el vientre hasta la que se desplaza la cría en el momento de nacer para seguir creciendo más calentita.

El **dingo** es un gran perro salvaje de color amarillo que ataca a los conejos y a los rebaños de ovejas.

El **kiwi** es un pájaro que no puede volar. Sus alas, disimuladas bajo unas plumas que parecen largos pelos, son demasiado pequeñas. Duerme en una madriguera.

El **emú** es la segunda ave más grande del mundo, después del avestruz. No puede volar, pero corre muy deprisa. La hembra pone los huevos y el macho los incuba.

El **ornitorrinco** es un animal muy raro que vive en los ríos. Tiene el pico de un pato, la cola de un castor, pelaje en el dorso y las patas palmeadas. Pone huevos, pero... ¡es un mamífero!

El **koala**, al igual que el canguro, es un marsupial: la hembra también tiene una bolsa en el vientre para mantener a sus crías calientes. Sólo come hojas de eucalipto.

# Animales en peligro

Muchos animales han desaparecido del planeta, ya sea porque se han cazado demasiados ejemplares o porque el hombre ha destruido los lugares en los que vivían. Hoy en día, aún hay animales en peligro de extinción. Pero la mayoría están protegidos.

Ya han desaparecido varias especies de **tigre**. Los hombres los mataban por su pelaje.

El **perezoso** vive en América del Sur. Está amenazado porque han destruido la selva en la que vive.

El **orangután** se capturaba para exhibirlo en los zoos. Pero las crías mueren lejos de su madre.

La **pantera blanca**, el **jaguar** y el **ocelote** han sido cazados desde hace años por su bello pelaje.

El **panda gigante** vive en los bosques de bambú de China. Sólo se alimenta de brotes de bambú, pero la destrucción de los bosques asiáticos para el cultivo hace que, hoy en día, el panda viva en reservas.

El **tapir malasio** también ve cómo desaparece su selva.

El **rinoceronte** ha sido perseguido por su cuerno.

140

El **gorila** africano está amenazado porque poco a poco se van destruyendo las selvas en las que vive.

El **frailecillo**, que vive en las riberas del Atlántico Norte, ha sido víctima de las mareas negras.

Al **lobo** lo cazan los pastores, que temen por sus rebaños.

El bello pelaje blanco de las crías de **foca** era muy apreciado.

El **oso** pardo ha sido perseguido en todas partes.

Los **bisontes** fueron masacrados el siglo pasado, en América del Norte.

**Ya no los veremos más**

El **lobo de Tasmania** tenía una bolsa en el vientre, como el canguro. Era un voraz cazador muy temido por el hombre. El último fue abatido en 1936.

El **dodo** era una enorme ave que pesaba más de 20 kilos. Los navegantes que desembarcaban hambrientos en las isla donde vivían los cazaban para comérselos, y poco a poco terminaron con ellos.

141

# La vida de los árboles

**Los árboles son plantas imprescindibles para la vida. Absorben el dióxido de carbono, malo para el hombre, y expulsan oxígeno, indispensable para que podamos respirar. Gracias a sus raíces, estabilizan los terrenos en los que crecen e impiden que la tierra sea arrastrada por la lluvia.**

Las **hojas** son casi siempre de color verde. Contienen un colorante natural, la **clorofila**, que ellas mismas fabrican gracias a la luz del sol.

La **copa** es la parte más alta del árbol.

Las **ramas** salen del tronco del árbol. En ellas están las hojas, las flores y los frutos.

El **tronco** es la parte del árbol que va del suelo a las ramas. Es un tallo. El tronco engorda a medida que el árbol envejece. Está recubierto por la **corteza**.

Las **raíces**, hundidas en la tierra, absorben el agua y las sales minerales que necesitan para crecer. Se desarrollan bajo tierra a medida que crece el árbol.

**1** Los primeros **brotes** aparecen en las ramas de los árboles en primavera.

**2** Algunos brotes darán **flores**;

**3** otros, **hojas**.

**4** La **semilla** se forma en el pistilo de la flor.

**5** El **fruto** se desarrolla alrededor de una o varias semillas.

## El tronco

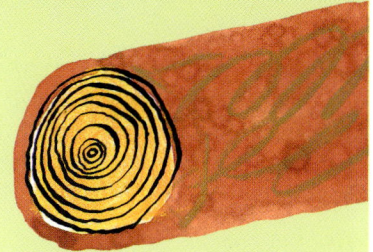

La **savia** se encarga de transportar el agua y los alimentos. Sube desde las raíces hasta las ramas a través del tronco.
La **corteza** protege al tronco de enfermedades y de las variaciones de temperatura importantes. Cuando se tala el **tronco** de un árbol, vemos los **anillos**. Éstos indican la edad del árbol. Cada año, el tronco tiene un anillo más. El árbol deja de crecer en invierno.

### De todos los tamaños

El árbol más grande del mundo es la **secuoya**. Mide 83 metros de altura, como un edificio de 20 plantas. Los más pequeños son los **bonsáis**, árboles cuyas raíces y ramas se podan para que no crezcan.

143

# Los árboles

**Hay muchas variedades de árboles. Sus hojas, sus troncos y sus copas no tienen la misma forma, ni el mismo tamaño, ni el mismo color.**

Los árboles **frondosos**, como el álamo, el plátano o el abedul, tienen largas hojas planas que caen en invierno. Se trata de árboles de **hoja caduca**.

El **álamo** crece a orillas de los ríos. Sus hojas hacen un bonito ruido cuando sopla el viento.

El **plátano** es un árbol que vemos en las avenidas y las carreteras. Su corteza se despega por placas.

Las **palmeras** son árboles muy abundantes en los países cálidos. No tienen ramas, sino grandes hojas en forma de abanico, las palmas. Los **baobabs** crecen en África. Su tronco es un auténtico depósito de agua.

El **sauce llorón** crece a orillas de los lagos y los estanques. Sus ramas caen hacia el suelo.

El **abedul** tiene un tronco recto y delgado, recubierto de una fina corteza blanca plateada.

144

El pino, el abeto y el alerce son **coníferas**. Sus semillas crecen dentro de piñas. Sus hojas son como agujas. Permanecen en el árbol todo el año, excepto las del alerce. Decimos que son árboles de **hoja perenne**.

El **alerce** crece en las laderas soleadas de las montañas a más de 2000 metros de altura.

El **pino** crece en las regiones soleadas. Su tronco es alargado y sus hojas, reunidas en grupo, crecen en forma de penacho.

El **ciprés** parece un cohete. Sus ramas se elevan hacia el cielo, pero no es muy grande.

El **tejo** es muy frondoso y tupido. No tiene piñas, sino bayas rojas.

## Las hojas de los árboles

castaño de Indias    roble

higuera

olivo    castaño común

## Los frutos de los árboles

¿Conoces estos frutos? ¿Sabes en qué árbol crecen?

1
2
3
4
5

*Respuestas: 1. la aceituna en el olivo. 2. la bellota en el roble. 3. la castaña de Indias en el castaño de Indias. 4. la castaña en el castaño común. 5. el higo en la higuera.*

145

# La vida de las plantas

Un hueso de aguacate, una habichuela, un bulbo de jacinto o una patata. Puedes divertirte plantando multitud de plantas en tu casa. Observa cómo se van desarrollando día a día. ¡Es muy interesante!

Si te comes un **aguacate**, guarda el hueso. Sécalo. Clava dos alfileres a cada lado y ponlo en un vaso lleno de agua. Sólo la parte redonda debe estar fuera del agua. Cuando el hueso germine, ponlo en una maceta y cúbrelo de tierra. Pronto verás brotar un nuevo aguacate.

Aprovecha un paseo por el bosque para coger una **castaña** dentro de su cáscara. Separa la castaña y la cáscara. Llena tres cuartas partes de una maceta con tierra. Pon la castaña dentro y después cúbrela de tierra. La castaña germinará. Aparecerá un brote joven. Las raíces irán creciendo en la tierra. Pronto verás las primeras hojas de un castaño. Riégalo con regularidad.

Para obtener un **jacinto**, primero hay que llenar de agua un tarro de cristal, después colocar el bulbo encima, procurando que sólo la parte plana quede dentro del agua. Tápalo todo con un cartón, por ejemplo. Tres semanas más tarde, aparecerán unas pequeñas raíces. Entonces ya puedes exponer tu planta a la luz. Pronto florecerá.

Puedes obtener la planta de cualquier legumbre: **habichuela**, **lenteja**, etc. Si la entierras y la riegas, la semilla se hincha. Aparece una pequeña raíz que crece hacia abajo. Las primeras hojas salen de la tierra y la planta empieza a crecer.

Si dejas envejecer una **patata**, la verás germinar. Colócala en una maceta y cúbrela de tierra. Crecerá una planta, sus raíces de desarrollarán y darán más patatas pequeñas.

# Las plantas

Las plantas viven en todos los rincones de la Tierra. Tienen formas muy variadas. Unas viven más años y otras menos. Todas necesitan agua, pero algunas resisten bien la sequía. Se adaptan al lugar donde viven.

Los **invernaderos** son espacios cubiertos, de cristal o de plástico, bajo los cuales se cultivan las plantas. La temperatura es regulable. Esto permite cultivar plantas de países cálidos, como las palmeras, en países fríos.

El **bambú** es una planta propia de los países cálidos. Su tallo rígido se utiliza para fabricar muebles y cabañas.

Las **plantas carnívoras** se alimentan de insectos que quedan atrapados en unos pelillos pegajosos que tienen estas plantas en sus hojas.

Existen numerosas variedades de **cactus**. Algunos son largos y parecen cirios; otros, más pequeños, recuerdan una raqueta. Su tallo es un depósito de agua. No tienen hojas, sino **espinas**.

Las **lentejas de agua** son las plantas con flor más pequeñas del mundo.

Las plantas acuáticas como las **cañas**, los **nenúfares** o los **juncos** tienen unas largas raíces sumergidas en el agua.

Las **algas** no tienen raíz. Generalmente viven en el agua, pero necesitan luz.

Las **setas** no tienen ni raíz ni clorofila.

Los **helechos** tienen unas largas y delicadas hojas. No tienen flores ni semillas.

Las plantas aromáticas se cultivan por su perfume. Es el caso de la **albahaca**, el **perejil**, el **tomillo** y la **menta**.

# La vida de las flores

**Si las flores son bonitas y huelen bien, no es para que disfrutemos de ellas. En realidad, es para atraer a los insectos, que las flores necesitan para llevar a cabo la fecundación. Este fenómeno se llama polinización.**

Antes de su nacimiento, la flor es una pequeña **semilla** (o **bulbo**) hundida en la tierra.

La semilla se abre y sale un pequeño **brote**. Éste crece y sale de la tierra dirigiéndose hacia la luz.

La flor ya ha crecido. Su **yema** se ha enderezado y empieza a abrirse.

El grueso envoltorio de la **yema** protege los pétalos de la flor.

La **abeja** se siente atraída por la flor. Entonces se posa sobre ella para recolectar el **polen** que necesita para hacer la miel.

Al libar la flor, deja caer un poco de polen sobre los **estigmas**. La flor ha quedado **fecundada**.

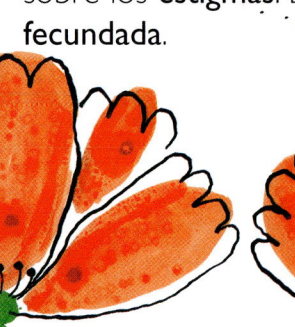

Aparece una primera **hoja**, y después otra. Bajo la tierra, las **raíces** crecen.

El **tallo** empieza a estirarse. En el extremo, se formará una **yema**.

El envoltorio se separa, la flor brota, los **pétalos** se abren formando una corola.

En medio de la flor, se encuentran los órganos reproductivos masculino y femenino: los **estambres** y el **pistilo**. Los estambres contienen el **polen**. Al final del pistilo, los **estigmas** son un poco pegajosos.

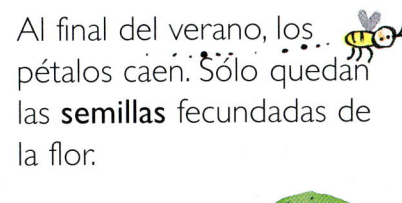

Al final del verano, los pétalos caen. Sólo quedan las **semillas** fecundadas de la flor.

Al caer y quedar enterradas en la tierra, las semillas harán brotar **nuevas flores**.

# Las hortalizas

Las hortalizas son las plantas comestibles que cultivamos en un huerto. De cada planta, nos comemos una parte diferente: las hojas, las raíces, los bulbos o las semillas.

coles de Bruselas

Hay varios tipos de **col**. Nos comemos sus **hojas**, ya sean crudas, en ensalada, o cocidas.

col verde

col roja

coliflor

Para preparar **ensaladas**, utilizamos las **hojas** de algunas hortalizas.

lechuga

lechuga romana

berro

amargón

152

nabo

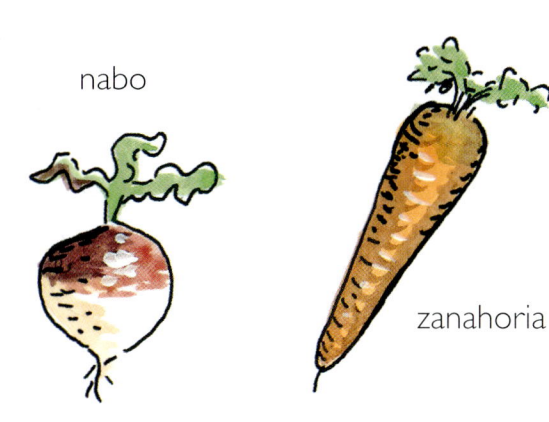

zanahoria

remolacha

patata

Los **nabos**, las **zanahorias** y las **remolachas** son **raíces**. Hay que cavar en la tierra para poder recolectarlas.

La **patata** también crece debajo de la tierra. Es un **tubérculo**, la parte hinchada de una raíz.

judías verdes

guisantes

habichuelas y guisantes

Las **judías verdes** son el fruto de la **judía**. Nos las podemos comer dentro de su **vaina**, cuando las semillas aún son pequeñas, o en semilla;

entonces las llamamos **habichuelas**. Los **guisantes** son semillas. Los sacamos de la vaina para comérnoslos.

cebolla

ajo

El **ajo** y la **cebolla** son plantas de las cuales nos comemos el **bulbo**, la parte hundida en la tierra.

El **espárrago** es una planta de la que nos comemos los **brotes**.

# Las frutas

Las frutas crecen en las plantas o en los árboles. Los huesos, las semillas o las pepitas que contienen les permiten reproducirse. Muchas de ellas son ricas en vitaminas.

La **manzana** es el fruto del manzano. Tiene pepitas.

La **pera** crece en el peral.

El **melocotón** es el fruto del melocotonero. Tiene un hueso muy grande.

La **cereza** es el fruto del cerezo. Tiene un hueso pequeño.

El **albaricoque** crece en el albaricoquero. Tiene un hueso oval liso.

El **melón** crece en una planta a ras del suelo.

Las **grosellas** crecen en pequeños racimos en el grosellero.

La **fresa** es el fruto del fresal, una planta que se arrastra por el suelo.

La **frambuesa** crece en un arbusto, el frambueso.

La **mora** es el fruto de la zarza.

El **pomelo** es el fruto de un árbol, el pomelo.

La **naranja** crece en el naranjo.

¿Fruto con hueso o fruto con pepitas?

¿Sabes qué frutos contienen pepitas?

La **mandarina** es el fruto del mandarino, un pequeño árbol originario de China.

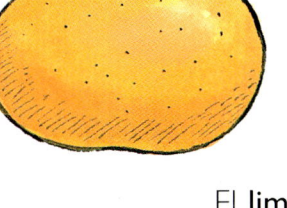

El **limón** es el fruto del limonero.

El **tomate** es un fruto que crece en una planta.

La **piña** crece en una especie de palmera pequeña.

El **lichi** es el fruto de un árbol asiático. Tiene la carne blanca y la piel dura.

El **kiwi** es un fruto originario de China. Su carne es verde y su piel un poco peluda.

El **plátano** crece en racimos en el plátano.

155

# Los cereales

Los cereales se cultivan en el campo. Sus granos, a menudo reducidos a harina, nos sirven de alimento.

La **cebada** sirve para fabricar cerveza y alimento para animales. El **centeno** sirve para hacer harina. También sirve como forraje para animales. La **avena** es el alimento de los caballos.

El **maíz** tiene un largo tallo que puede superar los 3 metros de altura. Los granos se agrupan formando mazorcas. Se cultiva para alimentar al ganado. Las personas comemos maíz dulce, palomitas de maíz o maíz tostado.

El **arroz** es el alimento más consumido en el mundo. Se cultiva en campos inundados que se llaman arrozales. Para crecer, necesita calor, humedad y exige mucho trabajo: hay que sembrarlo, trasplantarlo y cosecharlo.

El **trigo** es el cereal más cultivado. Se cosecha cuando las espigas están amarillas y maduras. El trigo tierno se transforma en harina. El trigo duro sirve para fabricar sémola y pasta.

### El aceite

Hay un cereal que se usa para fabricar aceite: el maíz. También se hace aceite con la soja, la colza, el girasol, la uva, la aceituna, el cacahuete y las nueces.

## De la espiga a la barra de pan

El **agricultor** cosecha el trigo al final del verano y lo vende al **molinero** o al **harinero**. Los granos se muelen para convertirlos en **harina**.

El **panadero** mezcla la harina de trigo con el **agua** en su **amasadera**. La **masa** resultante se pone a cocer en un **horno**. El resultado es un pan delicioso con la miga blanca y la corteza crujiente.

157

# El mundo

La Tierra es redonda y azul casi por completo, ya que los océanos ocupan las tres cuartas partes de su superficie. Por eso la llamamos el planeta azul.

Según desde qué ángulo se observe, la Tierra presenta aspectos diferentes. Aquí tienes varias caras de la Tierra.

América del Norte

océano **Atlántico**

océano **Pacífico**

América del Norte

América del Sur

océano **Atlántico**

océano **Pacífico**

En la Tierra, hay **cuatro océanos**: el océano **Pacífico**, el océano **Índico**, el océano **Atlántico** y el océano **Ártico**. El océano Pacífico es más grande que todos los continentes juntos.

Si dieras la vuelta a la Tierra, harías un viaje de 40 000 km.

Los **mares** son inmensas extensiones de agua salada rodeadas de tierra. Hay muchos mares.

**La Tierra es redonda**
La Tierra es un planeta del sistema solar con forma de balón. Los hombres no siempre han sabido que la Tierra era redonda. Durante mucho tiempo pensaron que era como un gran plato plano.

- ártico
- mar **Negro**
- mar **Caspio**
- Asia
- Europa
- mar **Mediterráneo**
- África
- mar **Rojo**
- océano **Índico**

- océano **Pacífico**
- Asia
- océano **Índico**
- Australia

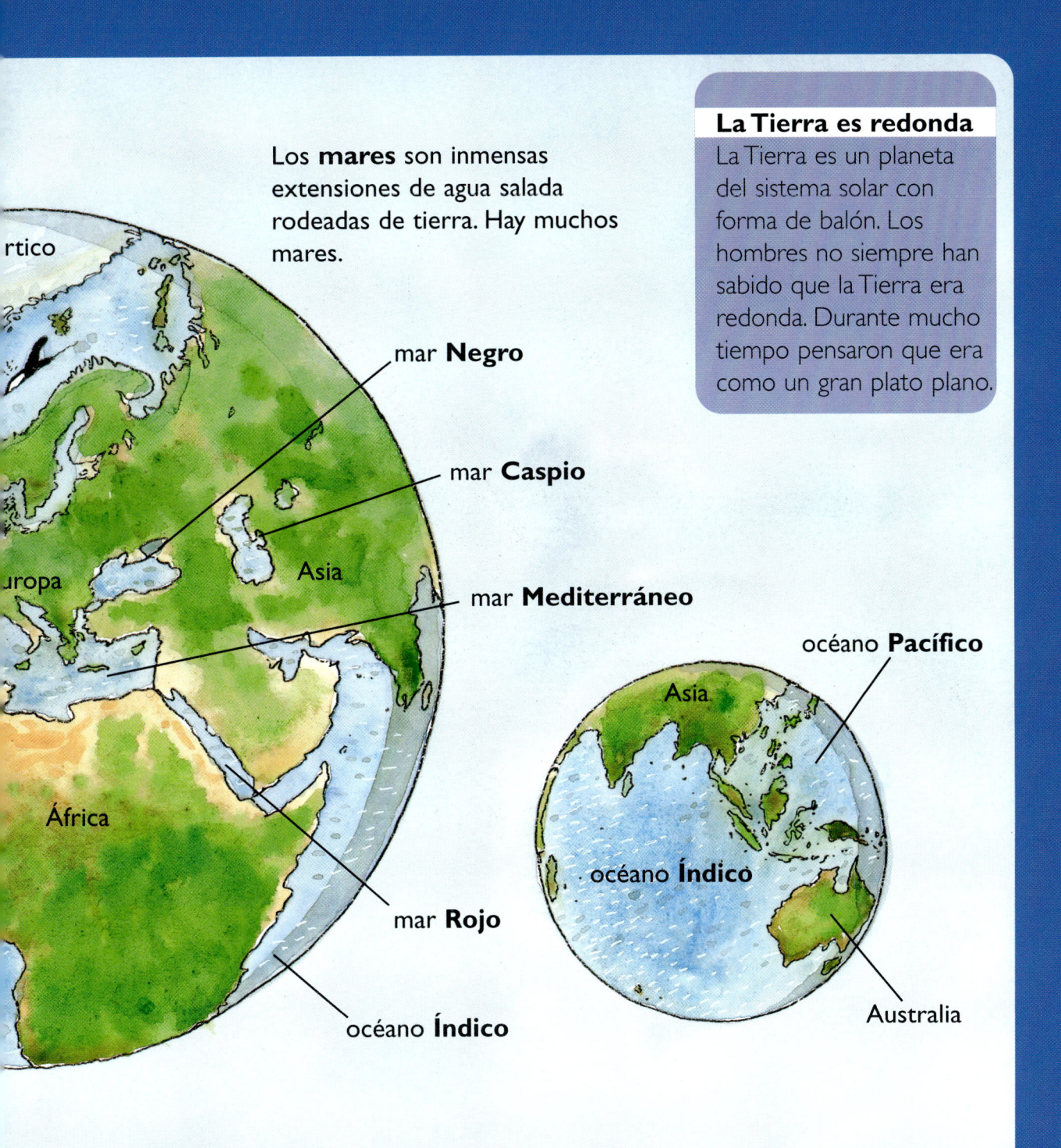

159

# Los continentes

La superficie de la Tierra está ocupada por seis continentes: América, Europa, Asia, África, Oceanía y la Antártida.

América del Norte

océano **Atlántico**

África

América del Sur

océano **Pacífico**

160

uropa

Asia

océano **Pacífico**

océano **Índico**

Oceanía

ntártida

# Los volcanes

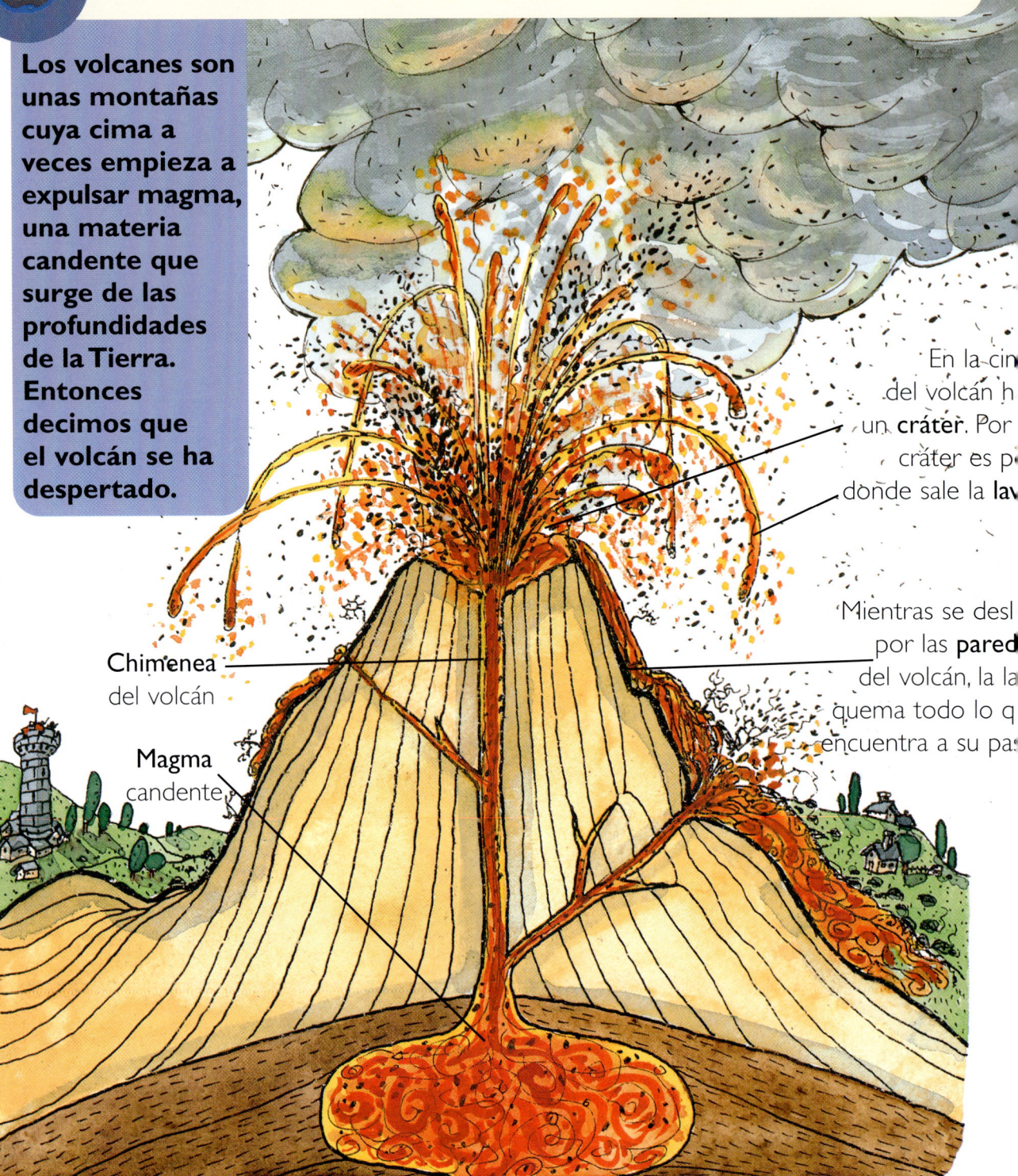

Los volcanes son unas montañas cuya cima a veces empieza a expulsar magma, una materia candente que surge de las profundidades de la Tierra. Entonces decimos que el volcán se ha despertado.

En la ci... del volcán h... un **cráter**. Por... cráter es p... donde sale la **la**...

Mientras se desl... por las **pared**... del volcán, la la... quema todo lo q... encuentra a su pa...

Chimenea del volcán

Magma candente

162

El **magma** está formado por rocas que se funden debido al intenso calor que hace en el centro de la Tierra. Cuando el magma sube, levanta la superficie de la Tierra y forma un volcán.

Cuando el magma sale del volcán, lo llamamos lava. A veces, al mismo tiempo salen del volcán unas enormes nubes de **ceniza** y **gas**.

### El vulcanólogo
El vulcanólogo es un especialista en volcanes. Los estudia con diversos instrumentos científicos para intentar prever el riesgo de que se despierten.

## Climas cálidos, climas fríos

El clima es el tiempo que hace en una región. No es igual en todas las regiones de la Tierra. Estas diferencias de clima tienen mucha importancia para la vida de las plantas y de los animales.

En los **desiertos de África** es donde hace **más calor**. Sólo los animales que soportan bien el calor pueden vivir allí.

En las **regiones polares** es donde hace **más frío**. La temperatura puede bajar hasta los 70 grados bajo cero. Todo está helado. En el polo Sur, en la Antártida, no hay habitantes.

> **Y tú, ¿dónde vives?**
> ¿Conoces el clima del lugar en el que vives? ¿Hace frío en invierno? ¿Los veranos son calurosos? ¿Llueve a menudo? ¿Cuántas estaciones hay?

El desierto de Atacama, en **América del Sur**, es un lugar **muy seco**. Prácticamente no llueve nunca.

Las regiones **más húmedas**, es decir, aquéllas en las que llueve más, se encuentran cerca del **ecuador**. Además, en ellas siempre hace calor.

## La vida en el desierto

En los desiertos no llueve casi nunca. Hace mucho calor durante el día y frío por la noche. La vegetación y los animales son escasos.

En el desierto, a causa del calor, se ven **espejismos**. Parece que haya charcos de agua, pero no es más que un efecto producido por la luz.

Las **dunas** son unas colinas de arena formadas por el viento.

Los **nómadas** son los hombres del desierto. Se desplazan continuamente a lomos de un dromedario.

Cuando hay agua debajo de la arena, se pueden plantar palmeras de dátiles en el desierto. Se trata de un **oasis**.

El **dromedario** es un animal adaptado a la vida del desierto. Puede recorrer muchos kilómetros sin beber y sus anchas patas le permiten caminar sobre la arena sin hundirse.

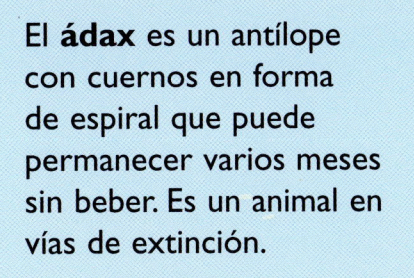

El **ádax** es un antílope con cuernos en forma de espiral que puede permanecer varios meses sin beber. Es un animal en vías de extinción.

El **zorro del desierto** tiene unas grandes orejas que le sirven para refrescarse.

**¿Una o dos jorobas?**
El **camello** vive en Asia. Tiene dos jorobas que le sirven de reserva y le permiten resistir muchos días sin comer ni beber. Su largo pelo le protege del frío. El **dromedario**, en cambio, vive en África. A diferencia del camello, sólo tiene una joroba en la espalda.

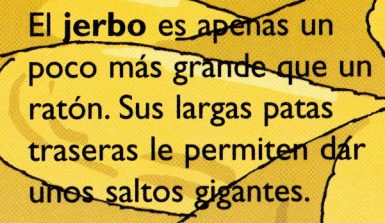

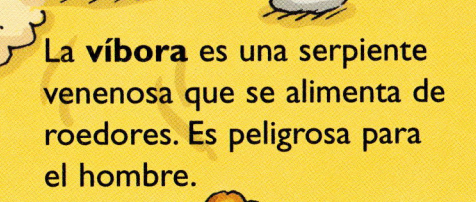

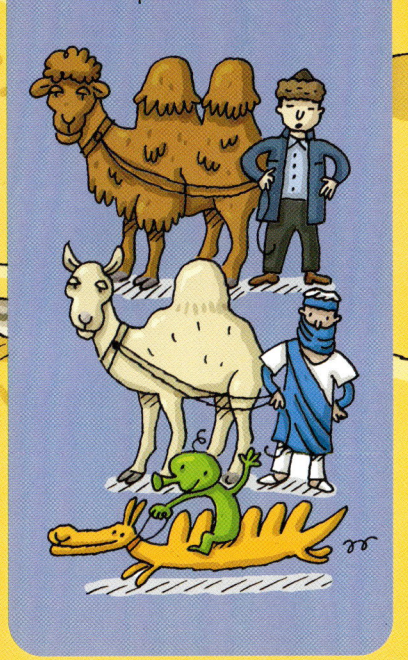

El **jerbo** es apenas un poco más grande que un ratón. Sus largas patas traseras le permiten dar unos saltos gigantes.

La **víbora** es una serpiente venenosa que se alimenta de roedores. Es peligrosa para el hombre.

El **escorpión** tiene dos pinzas y una larga cola armada con un aguijón venenoso. Es un animal muy peligroso, ya que su picadura puede ser mortal.

# La vida en una isla tropical

**Una isla es una extensión de tierra rodeada de agua. Algunas son pequeñas, otras muy grandes. Ésta es una isla del trópico. El mar es transparente y la arena, blanda y blanca.**

Para ir a pescar al mar o para desplazarse, los habitantes utilizan **barcas** que mueven **remando**.

En el fondo del mar, hay multitud de peces de todos los colores. Los turistas hacen **submarinismo** para observarlos.

Los pescadores venden en la playa los peces que han pescado.

El **cocotero** es una palmera. Tiene un fruto curioso, el **coco**. Su cáscara es muy dura. Dentro tiene un líquido delicioso y muy refrescante.

Las casas se construyen sobre unos gruesos **postes** que se clavan en el suelo.

### Los ciclones

A veces, enormes tormentas cruzan estas islas. Las llamamos **ciclones**.

El viento puede soplar a más de 200 kilómetros por hora y devasta todo lo que encuentra a su paso. Arranca la fruta de los árboles; los tejados salen despedidos. Los habitantes han aprendido a protegerse de estos temporales.

# En la sabana del norte de África

En la sabana del norte de África hace mucho calor y el agua es escasa. Las condiciones de vida son muy difíciles. Los habitantes viven en pequeños pueblos alejados los unos de los otros.

El agua no llega directamente a las casas. Hay que ir a buscarla al **pozo**.

El **suelo** es de tierra. No hay carreteras.

Las **mujeres** preparan la comida juntas, delante de las casas. Trituran la mandioca y el mijo para hacer harina y tortas.

Las **casas** están hechas de **adobe**, ladrillos de barro y paja secados al sol. El techo es de paja. No tienen ventanas, para conservar así el aire fresco. No están cerradas.

Las mujeres llevan a sus **bebés** en la espalda. Los sujetan con tejidos de colores vistosos. Bien arropados, los bebés duermen mientras sus madres trabajan.

### Dos estaciones al año

En algunas zonas de África, sólo hay dos estaciones. Una **estación seca** durante la que no llueve nunca, en la que la hierba, quemada por el sol, se vuelve amarilla. Después llega la **estación de las lluvias**, y la vegetación recupera su verdor en pocos días.

Los **hombres** cuidan los rebaños.

# La selva tropical

En determinadas regiones del mundo, en los trópicos, hace mucho calor y llueve la mayor parte del año. Estas regiones están cubiertas de inmensas selvas. La mitad de las especies animales y vegetales del mundo viven allí.

La **anaconda** es una de las serpientes más largas del mundo: es tan larga como dos coches. Mata a sus presas estrangulándolas.

Los **indios de la Amazonia** son unos excelentes cazadores y pescadores. Fabrican arcos. Sus flechas están untadas de veneno.

El **tapir** tiene una pequeña trompa que utiliza para aspirar insectos.

El **jaguar** vive en el suelo. Es un temible cazador y un excelente nadador.

### Una selva amenazada

La selva amazónica está en peligro. Los hombres la destruyen para transformarla en tierras de cultivo y construir carreteras. Cada día desaparecen un millón de árboles, que son vendidos o convertidos en carbón vegetal.

Algunos **árboles** son **inmensos**. Pueden medir 50 metros de altura, como un edificio de 15 plantas. Son el territorio de algunas aves, como los **loros**, aunque también el de los **simios**, que se desplazan de rama en rama. Bajo la sombra de los árboles gigantes crecen árboles un poco más pequeños. Allí es donde vive el resto de animales.

Las **lianas** se enrollan alrededor de los troncos de los árboles. Pueden llegar muy alto.

# Las regiones polares

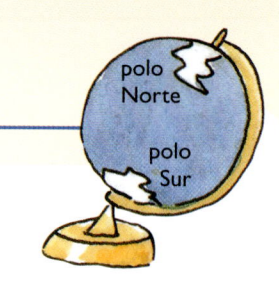

**Las regiones polares, el Ártico en el extremo norte de la Tierra, y la Antártida, en el extremo sur, son las regiones más frías del mundo.**

## El polo Norte

Los únicos habitantes del Ártico, la región que rodea el polo Norte, son los **esquimales**, también llamados **inuit**. Sus condiciones de vida son muy difíciles. Para alimentarse, pescan y cazan **focas**.

En el pasado vivían en **iglúes**. Actualmente viven en pequeñas **casas de madera** más cómodas. Para desplazarse ya no utilizan **trineos** tirados por perros, sino **motos de nieve**.

## El polo Sur

### Una noche de seis meses

En las regiones polares, en invierno es de noche durante seis meses: el sol no sale nunca. Hace mucho frío, hay tormentas de hielo y soplan fuertes ventiscas. En verano, ocurre todo lo contrario: el sol no se pone nunca, va calentando la atmósfera poco a poco durante seis meses. En algunas zonas, el hielo se funde.

La **Antártida**, la región que rodea el polo Sur, es demasiado fría para que los hombres puedan vivir en ella. Sólo las **focas** y los **pájaros bobos** soportan esas temperaturas heladas. En el mar se forman grandes extensiones de hielo llamadas **banquisas**.

Las montañas están cubiertas por enormes **glaciares**. Los **icebergs** que flotan por el mar son bloques de hielo que se han desprendido de los glaciares. Los icebergs más grandes superan en altura un edificio de 50 plantas.

## Proteger la Tierra

La Tierra está amenazada por muchos peligros. A menudo, los hombres son los responsables de ellos. Por suerte, hoy en día se están empezando a dar cuenta de que es absolutamente necesario proteger el planeta.

En las selvas tropicales se talan cada día miles de árboles para vender su madera y para construir campos o carreteras. La **destrucción de estas selvas** conlleva la desaparición de numerosas especies animales y vegetales y puede ser muy peligrosa para el clima del planeta.

Entre el petróleo que se derrama por nuestras playas cuando hay una **marea negra** y el agua sucia de las alcantarillas de las ciudades que se vierte al mar, ¡cualquiera diría que hemos tomado el mar por un basurero!

**Cosa de todos**

Tú también puedes ayudar a preservar el planeta. Muchas cosas que depositamos en el cubo de la basura pueden ser aprovechadas de nuevo. El cristal, el papel y el plástico son reciclables. Hay que **clasificarlos** y meterlos en el **contenedor** correspondiente.

Los gases tóxicos que salen de las chimeneas de las fábricas y de los tubos de escape de los coches **contaminan** el aire que respiramos y son muy peligrosos para la atmósfera.

Los recipientes vacíos y la basura invaden los **vertederos**. Actualmente, se queman o se reciclan para transformarlos en algo útil.

# Los planetas

Hay nueve planetas girando alrededor del Sol: Mercurio, Venus, Marte, Júpiter, Saturno, Urano, Neptuno, Plutón y la Tierra. Todos ellos forman parte del sistema solar.

**Marte** es «el planeta rojo». Es un desierto rojo. En él hace mucho frío.

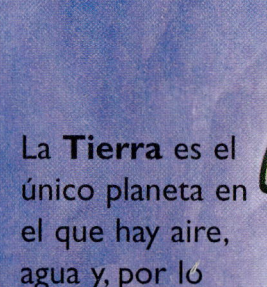

La **Tierra** es el único planeta en el que hay aire, agua y, por lo tanto, vida.

**Venus** es el planeta más cálido. Es muy brillante. Por eso también lo llaman el «lucero del alba».

**Mercurio** es uno de los planetas más pequeños. Es el que está más cerca del Sol. Por eso, hace mucho calor.

**Júpiter** es el planeta más grande del sistema solar. Es once veces mayor que la Tierra.

**Neptuno** es un planeta frío, recubierto de hielo. Está rodeado de anillos muy delgados.

**Urano** es un planeta bastante desconocido, ya que está muy lejos de la Tierra. Está rodeado de anillos.

**Saturno** es un planeta rodeado de miles de anillos muy delgados, formados de nieve y hielo.

**Plutón** es el planeta más pequeño del sistema solar. También es el más lejano y el menos conocido.

# El Sol y la Luna

**El Sol está en el centro del sistema solar. Es una estrella, una bola de fuego, que ilumina y calienta la Tierra.**

### Alrededor del Sol

La **Tierra** tarda un año, 365 días, en dar una **vuelta alrededor del Sol**. Al mismo tiempo, la Tierra **gira sobre sí misma** y da una vuelta completa cada 24 horas.

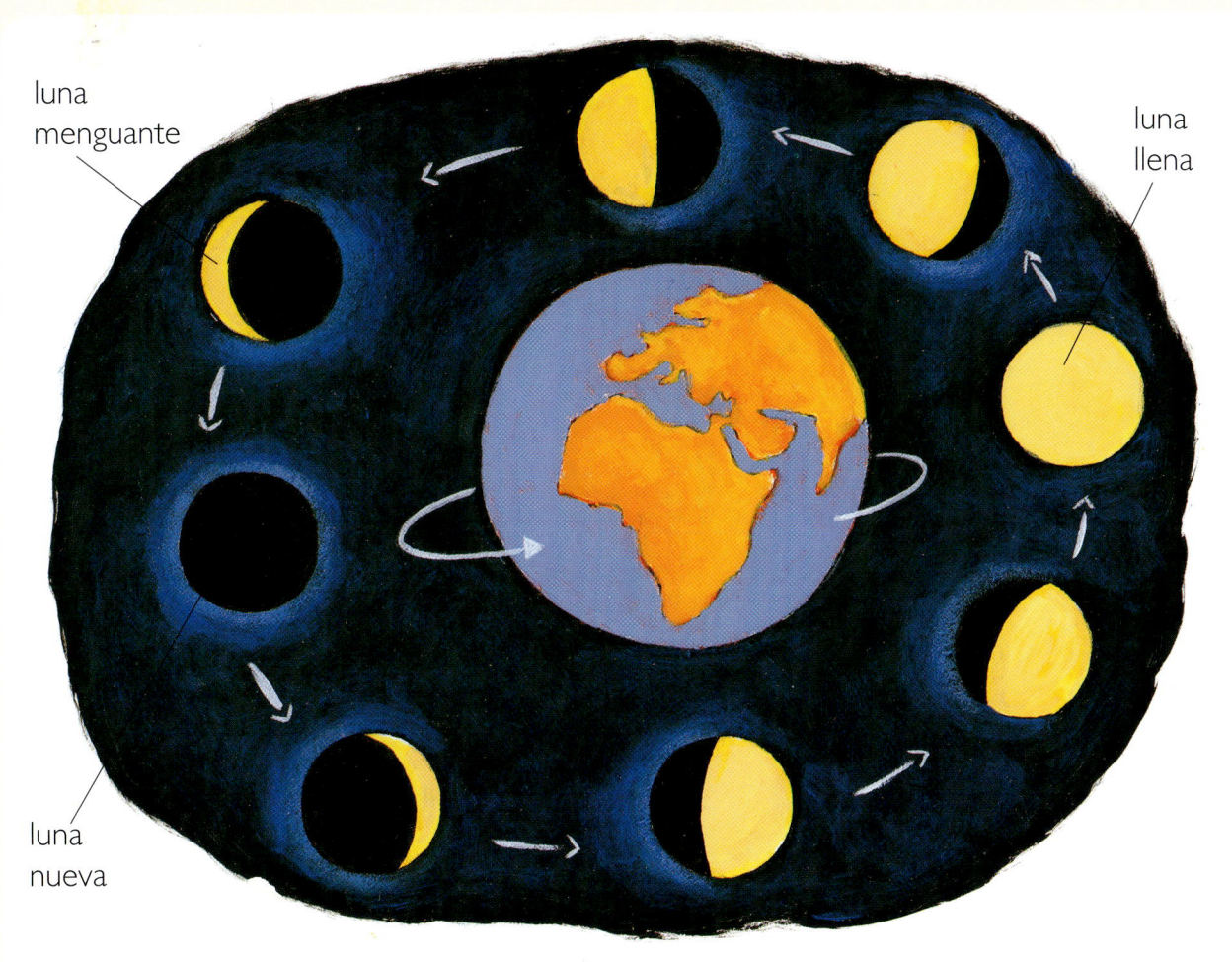

luna menguante

luna llena

luna nueva

La **Luna** tarda 28 días en dar una **vuelta alrededor de la Tierra**.
Es el **satélite** de la Tierra. Durante su trayecto alrededor de la Tierra,
la Luna no siempre es iluminada del mismo modo por el Sol.
Por eso la ves con distintas formas en el cielo: luna llena, luna nueva, etc.

## Los eclipses

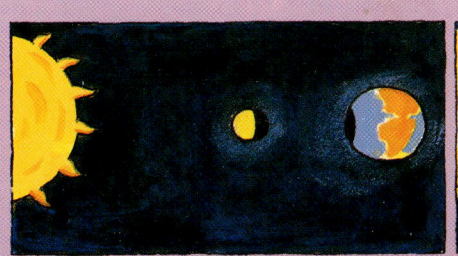

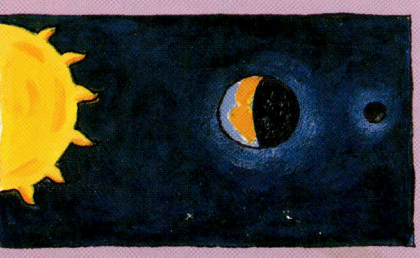

Hay dos tipos de eclipses: los eclipses de Sol y los eclipses de Luna. Cuando la Luna pasa por delante del Sol se produce un **eclipse de Sol**. La Tierra ya no está iluminada por el Sol y se hace de noche en pleno día. Cuando la Tierra está entre el Sol y la Luna hay un **eclipse de Luna**.

# Las estrellas

En una bella noche de verano sin luna se pueden ver más de 2000 estrellas brillando en el cielo. Aunque son muy grandes, sólo vemos pequeños puntos luminosos porque están muy lejos de nosotros, mucho más lejos que el Sol.

Algunos grupos de estrellas parece que dibujen formas en el cielo. Las llamamos **constelaciones**. Los primeros sabios que las descubrieron les dieron nombres para identificarlas: la Osa Mayor, Tauro, Sagitario, etc.

Al igual que el Sol, las **estrellas** son unas enormes bolas de gas ardiendo.

Las estrellas, que brillan por la noche, no desaparecen del cielo durante el día. Pero la luz del sol es demasiado fuerte para que las podamos ver.

Todas las estrellas que vemos en el cielo pertenecen a nuestra galaxia, la **Vía Láctea**. Hay más de cien mil millones de estrellas en nuestra galaxia, pero no las vemos todas. Nuestra galaxia tiene forma de espiral, con un núcleo en el centro y unos brazos que giran alrededor. El Sol y la Tierra se encuentran en uno de estos brazos. En el Universo, hay miles de millones de galaxias distintas, formadas por miles de millones de estrellas.

### Estrellas fugaces

A veces, por la noche, un trazo de luz cruza el cielo estrellado; es una estrella fugaz. En realidad, no es una estrella, sino el trazo dejado por un pedazo de roca procedente del espacio que arde al entrar en la atmósfera.

## Observar el cielo

**El Universo es tan grande que el cohete más rápido tardaría 100 000 años en llegar hasta la estrella más cercana. Por eso los astrónomos utilizan telescopios gigantes, satélites, sondas espaciales y robots para explorar el Universo.**

Con un **anteojo astronómico** se pueden ver las estrellas, las constelaciones y observar 5 planetas.

Los **astrónomos** han estudiado las estrellas y los planetas desde hace muchos años. Hoy en día, gracias a los nuevos instrumentos de observación, progresan muy rápido en sus descubrimientos.

Los **telescopios** son unos instrumentos mucho más potentes que los anteojos. Los astrónomos los instalan en los lugares desde los que se ve mejor el cielo, en lo alto de las montañas, lejos de la luz de las ciudades.

### Las sondas espaciales

La mayor parte de los planetas del sistema solar están demasiado lejos como para que podamos ir a explorarlos. Por eso se envían sondas espaciales teledirigidas alrededor de algunos planetas: la sonda **Magallanes** permaneció 4 años dando vueltas alrededor de Venus, **Voyager** estudió Júpiter y Neptuno, y **Viking I** y **II** visitaron Marte.

En el siglo XXI, los astronautas se proponen explorar el **planeta Marte**. El viaje de ida durará aproximadamente seis meses. Deberán ir bien equipados, puesto que en Marte hace mucho frío y las radiaciones son muy peligrosas.

# Las lanzaderas espaciales

El primer hombre que viajó al espacio fue el astronauta ruso Yuri Gagarin, en 1961. Después, muchos hombres y mujeres han viajado por el espacio. Las lanzaderas espaciales transportan a los astronautas; éstos también pueden permanecer en las estaciones orbitales.

La **lanzadera** despega lentamente. Sus dos **propulsores** se han encendido a la vez para que se eleve en línea recta. El ruido es ensordecedor.

Tras dos minutos de vuelo, los **propulsores** se apagan, se sueltan y caen al mar frenados por unos paracaídas. Serán recogidos por un barco que irá a recuperarlos.

La lanzadera sigue su vuelo, propulsada por sus tres **motores**. Ocho minutos después del despegue, los motores se detienen y el **depósito** también se suelta. Éste no se recupera. La lanzadera entra en **órbita** a 300 kilómetros de la Tierra. Avanza a una velocidad de 28 000 km/h. Tarda 90 minutos en dar una vuelta completa a la Tierra.

## ¿Cómo regresa la lanzadera a la Tierra?

La lanzadera **abandona su órbita** y vuelve a entrar en la atmósfera que rodea la Tierra, a 120 kilómetros de altura. El roce del aire reduce la velocidad poco a poco. Tras acabar su viaje **aterriza** como un avión.

# El hombre en el espacio

**Doce hombres han puesto los pies sobre la Luna en seis ocasiones. Neil Armstrong fue el primer hombre que pisó la Luna. Fue en julio de 1969.**

El **astronauta** es un piloto, hombre o mujer, capaz de dirigir un cohete y vivir a bordo de él en el espacio.

Antes de partir, los astronautas se **entrenan** en la Tierra.

El gran día ha llegado: **abandonan la Tierra** a bordo de un cohete o de una lanzadera espacial.

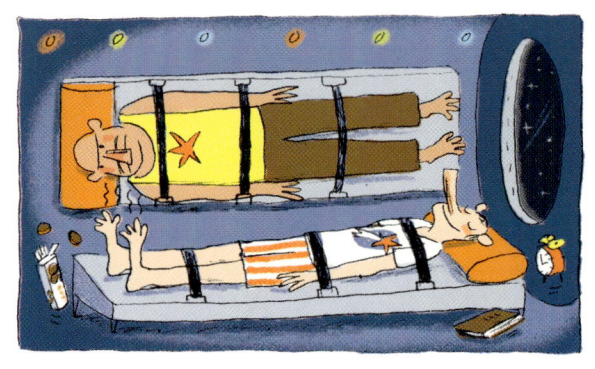

Debido a la **ingravidez**, duermen atados a la litera.

¡No es fácil comer y beber en el espacio!

A veces los astronautas salen para hacer alguna reparación.

En la Tierra, la **gravedad** es una fuerza que atrae todos los cuerpos hacia el suelo. En la **ingravidez** del espacio, todo flota.

En el espacio, no hay oxígeno.
Para poder respirar, los astronautas
transportan reservas de oxígeno.
Llevan una **escafandra** muy gruesa.

## ¿Cómo llamarlos?
¿Cosmonauta o astronauta?

Depende del país. Los americanos dicen **astronauta** y los rusos, **cosmonauta**.

### Los héroes del espacio

**1957** El primer ser vivo enviado al espacio fue una perra. Se llamaba **Laika**.

**1961** El soviético Yuri **Gagarin** viaja al espacio.

**1963** Por primera vez, una mujer viaja al espacio. La soviética Valentina **Terechkova** permanece dos días en órbita alrededor de la Tierra.

**1969** Los atronautas estadounidenses **Armstrong** y **Aldrin** caminan sobre la Luna.

# LAS **PALABRAS DIFÍCILES**

**Atmósfera**
La atmósfera es la capa de **gas** que rodea la Tierra y permite vivir en ella.

**Bulbo**
Algunas plantas, como el jacinto, tienen un bulbo que crece bajo la tierra y que sirve de reserva y de alimento. El bulbo permite que la planta brote cada año.

**Carnívoro**
Un animal carnívoro se alimenta básicamente de **carne.** El león y el guepardo son carnívoros.

**Clorofila**
La mayoría de las plantas contienen clorofila, una sustancia **verde** que se forma con la luz. La clorofila permite a las plantas absorber la energía del Sol.

**Contaminar**
Contaminar un río o un bosque es ensuciarlos. Las fábricas contaminan los ríos al verter sus **desechos**.

**Desecho**
Los desechos son las basuras que tiramos. El **vertedero** es el lugar en el que se depositan los desechos.

**Doméstico**
Un animal doméstico se cría en compañía de las personas. Es lo contrario a un animal salvaje. El perro es un animal doméstico.

**Ecuador**
El ecuador es un círculo imaginario que separa la Tierra en dos mitades iguales.

**Embrión**
Un embrión es un ser vivo que empieza a desarrollarse en un huevo o dentro del vientre de su madre. Durante los tres primeros meses, el futuro bebé es un embrión.

**Especie**
Una especie es un conjunto de plantas o de animales que tienen las mismas características y que se pueden reproducir entre ellos.

**Estrella**
Una estrella es un astro que brilla con luz propia.

**Fósil**
Los fósiles son huellas o restos muy antiguos de un animal o de una planta que se conservan en la roca.

**Galaxia**
Una galaxia es un inmenso conjunto formado por millones de planetas y estrellas que ocupan una parte del Universo. La galaxia en la que se encuentran la Tierra y el Sol se llama Vía Láctea.

**Herbívoro**
Un animal herbívoro se alimenta de **hierba** y de **hojas.** La vaca, el elefante y la jirafa son herbívoros.

### Hibernar
Algunos animales, como la marmota, hibernan. Durante el **invierno** su vida se detiene. Su corazón late más lentamente, la temperatura de su cuerpo baja. Para alimentarse, utilizan sus reservas de grasa.

### Larva
La larva es la forma que toman los insectos antes de alcanzar la edad adulta. Las larvas de la mariposa son como gusanos.

### Líquido amniótico
El líquido amniótico es el líquido en el que nada el bebé cuando está en el interior de la barriga de la madre.

### Mamífero
Los mamíferos son animales cuyas hembras alimentan a sus crías con sus **mamas**. El oso, la vaca, el caballo, y también el hombre, son mamíferos.

### Microbio
Un microbio es un organismo vivo minúsculo que provoca enfermedades infecciosas. Es tan pequeño que sólo se puede observar con un microscopio.

### Omnívoro
Un animal omnívoro se alimenta al mismo de tiempo de carne y de vegetales. El hombre es omnívoro.

### Órbita
Al girar alrededor del Sol, la Tierra dibuja una órbita, es decir, una gran curva. **Poner en órbita** un aparato espacial es hacerlo girar alrededor de la Tierra o de otro planeta siguiendo esta curva.

### Oxígeno
El aire que respiramos contiene oxígeno, un **gas** esencial para la vida. Sin oxígeno los animales y las plantas no podrían vivir.

### Polen
Los estambres de la flor producen un polvo amarillo: el polen. El polen sirve para la reproducción de las flores.

### Reciclar
Reciclar consiste en transformar el material de las cosas usadas para volver a utilizarlo. Si reciclamos todo el papel que usamos, salvaríamos una gran cantidad de árboles al año.

### Reproducción
La reproducción es el hecho de traer al mundo a otros seres de la misma especie.

### Reptil
Las serpientes, las tortugas, los lagartos y los cocodrilos son reptiles. Su cuerpo está recubierto de escamas o por un caparazón. Se desplazan arrastrando el cuerpo y ponen huevos.
Los **dinosaurios** eran reptiles.

### Trópico
Los trópicos son dos círculos imaginarios situados por encima y por debajo del ecuador.

### Vitaminas
Las vitaminas se encuentran en los alimentos que tomamos. Son indispensables para la salud. La vitamina C se encuentra en la fruta fresca y las hortalizas.

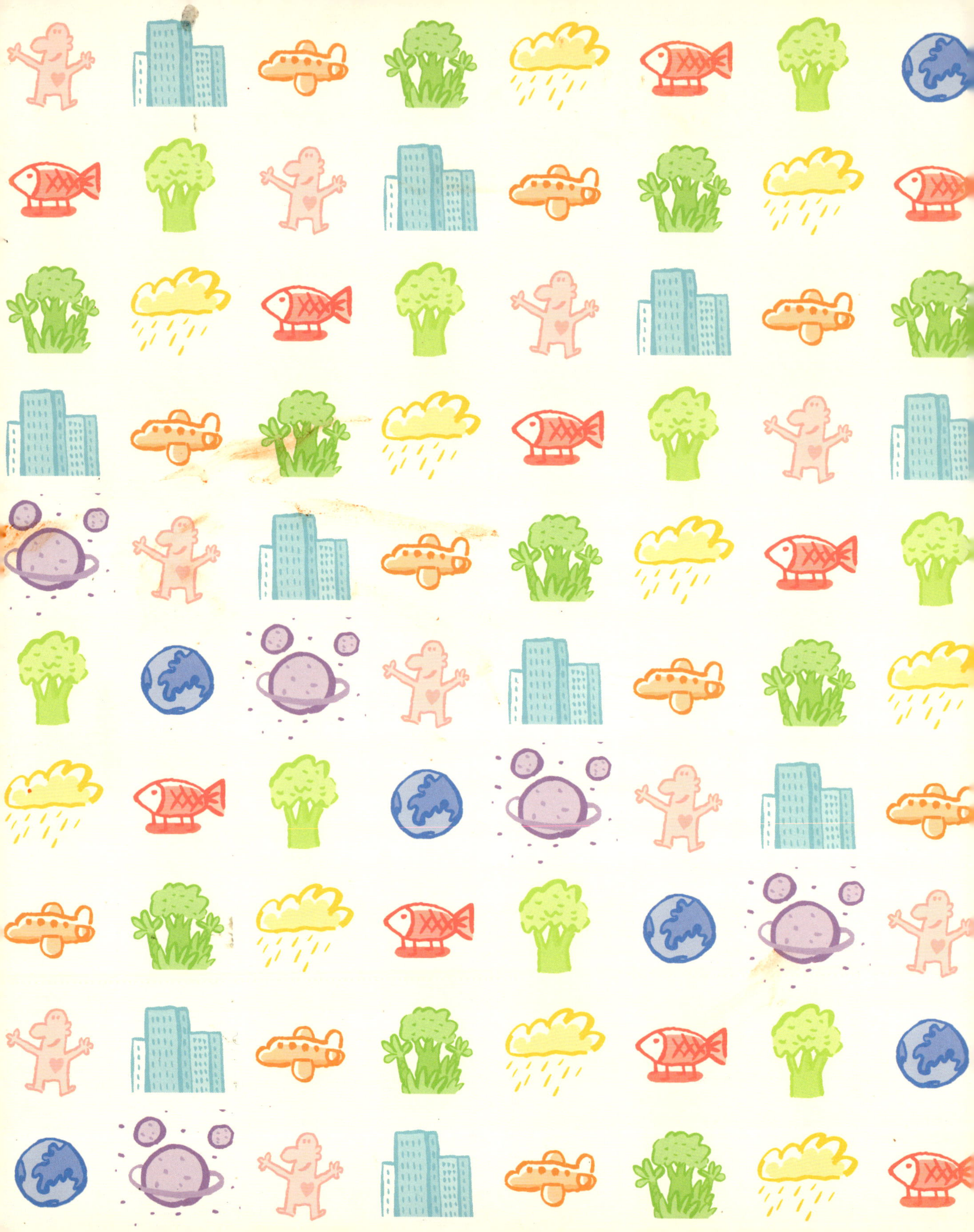